「憲法9条」問題のココがわからない!!

しっかり考えておきたい
33のポイント

寺脇 研 監修
Ken Terawaki

Subarusya

◆はじめに◆

日本が第二次世界大戦の敗戦国となってから、70年もの歳月が流れました。他国から占領されるという、この国はじまって以来の屈辱と悲哀を味わった世代は、圧倒的に少なくなりました。70年前の夏、厚木(神奈川県)の飛行場に降り立ったマッカーサー。彼が率いる軍政組織「ＧＨＱ」がたった8日間で作成したといわれる憲法草案。これをベースとして、１９４６年(昭和21年)制定の現行憲法ができあがったというのが通説です。

教科書的には、戦前の「大日本帝国憲法」を天皇が定めたという意味から「欽定憲法」といい、戦後制定の「日本国憲法」を国民が定めたという意味から「民定憲法」と呼ぶ、と習います。しかし、当時の日本人に(あるいは現在の日本人も含めていいかもしれませんが)どこまで〝自分たちが定めた憲法である〟との認識があったのか、あるいは「ある」のか。これについても、じつはいろいろな考え方があります。

ある人はＧＨＱの「押しつけ憲法」であるといいます。だからこそ日本人の手で自主憲法を制定しなおすべきだという。またある人は、戦前の日本においてもあった民主主義的な思想がじつはGHQ草案に、いわば伏流水のように流れ込んでおり、また憲法施行直前の1947年（昭和22年）に女性参政権導入後2回目の総選挙（第23回衆議院選挙）が行われていることから、憲法に関して一応の民意は問われている、だから必ずしも「押しつけ憲法」ではないという。はたしてどちらが正しいのか。

いや、そもそも日本人は憲法というものの本質さえ理解していない、だからこそ実質的には違憲と憲法学者が異口同音にいうような法律が、本来すべての国内法は憲法の下位にあるべきであるにもかかわらず〝超憲法的に〟成立してしまう、こういう意見もあります。

日本国憲法の第10章（第97条）にもあるように、日本国憲法は私たちの国の最高法規です。国の最高法規であるということで私たちは、戦前の大日本帝国憲法と同じように「不磨の大典」として戦後憲法をある意味〝棚上げ〟し、議論をすべきときにしてこなかったのではないか。

「改憲」「護憲」で対立する前にまず「考憲」。すなわち、まず一人ひとりが真摯に憲法というものを考えること。そのきっかけとして本書が多くの人に判断材料を与えるものになればと執筆者一同、心から祈る次第です。

どこが、どう問題か？

「憲法9条」問題のココがわからない!!

第2章 そもそも憲法9条ってどんな条文？

第3章 平和憲法をもっているのは日本だけなの？

第2部 憲法9条と日本の「近未来」を考える

第1章 激動の世界 憲法9条を変えると日本はどうなる？

第2章 いったい、どこまでが「自衛」なのか？

第3章　日米安保と地位協定について考える

編集協力：OFFICE-SANGA
装丁：菊池 祐
写真（カバー&本文）：アフロ
本文デザイン：（株）クアドラ・ichiru024（鈴木まさみ）・IRON 100℃（ヒガキユウコ）
DTP：（株）クアドラ・IRON 100℃（ヒガキユウコ）
図版：（株）ZERO・ichiru024（鈴木まさみ）・IRON 100℃（ヒガキユウコ）

プロローグ

戦後70年、今なぜ改めて憲法9条なのか

◯憲法9条と安保条約の理念と実情は

戦後70年という節目を迎えた今、日本中で「憲法9条を改定すべきか否か」という激しい議論が交わされています。国会の場、マスコミ、さらに現在は、戦中や終戦直後に存在しなかったインターネットを通じて広く一般の人々が、あらゆる意見を主張しています。

第二次世界大戦で日本は敗戦国となりました。それにより日本は、基本的には全て戦勝国側の方針に従う形で未来に向かう国の方向性をゆだねざるを得ないことになりました。

新しい日本国家の基礎となる日本国憲法の素案は①GHQ（連合国最高司令官総司令部）によって作成され、そこには「永久に戦争を放棄する」と明言す

①GHQ
58ページ脚注参照。

る第9条が盛り込まれました。丸腰になった日本が他国から戦争を仕掛けられた場合はアメリカが守る、ということで制定されたのが②**日米安全保障条約**でした。敗戦後に取り交わされたアメリカとの条約は、日本国民のなかに「連合国やアメリカが、都合の良い憲法を日本に押し付けた」という意見を根深く植えつけました。

“新”日米安全保障条約に調印する岸信介首相（当時）とアイゼンハワー大統領（当時）。（AP/アフロ）

第二次世界大戦が終了する間際、アメリカとソ連が対立していく、すなわち「冷戦」の予兆がすでにありました。ナチス率いるドイツの脅威を跳ねのけたソ連は、そのままの勢いで③**日本に侵攻**してきました。これに対し、敵対するソ連と海上で国境を接する日本を意のままにできれば、太平洋を挟んで位置するアメリカの立場は有利になります。そこで「平和国家として新たに歩み始めた日本を守る」という大義名分のもと、アメリカは日本に兵力を駐留させ、ソ連ににらみを利かせたのです。

押さえておこう

② 日米安全保障条約
27ページ脚注参照。

③ 日本に侵攻
日ソ中立条約を一方的に破棄したソ連は満州や樺太などに攻め込んできた。

世界の勢力を二分する2つの大国に挟まれながら、日本は復興へと歩み始めました。やがて日本は、世界でも有数の経済大国へと成長していきます。アジアには異例のスピードで焼け野原から復興した日本を「どん底からでも這《は》い上がる民族・アジアの同胞の誇り」として敬意を示す国も少なからず存在していました。

ただ、日本の急速な経済発展を後押ししたもののなかに戦争があったことも事実です。アメリカとソ連は互いに勢力圏を拡大すべく、さまざまな国を取り込むために、世界で起きていた民族対立などに介入していきました。終戦から5年後に勃発した**朝鮮戦争**④への軍力供給のため、アメリカは日本をフル活用しました。それにより日本には朝鮮特需ともいわれる好景気が訪れ、復興への追い風となりました。奇《く》しくも日本を平和国家にするイニシアチブを握っていたアメリカが介入した戦争により、日本の経済発展は加速したのです。

◯節目の年を迎えた今、憲法9条について考える

日米安保条約が締結されたのは1951年です。朝鮮半島の動乱に間接的に関わったことはありますが、憲法9条によって直接的な戦争への関与から遠ざかった日本は、平和国家としての認識が国内外に浸透していきました。

しかし条約締結期限の10年を迎える直前の1960年、大きな動きが起きま

④朝鮮戦争
96ページ脚注参照。

した。この年、条約を更新する形で「新安保条約」が締結されたのです。

新条約では、日本とアメリカの集団的自衛が定められ、日米のどちらかが武力攻撃を受けた場合、アメリカと日本が共同して軍事行動をとることが決められました。憲法9条の精神に根ざした旧安保条約とは異なり、日本も軍事行動への参加が求められるこの新条約を締結することに対して、大規模な反対運動が全国各地で発生しました。これがいわゆる「60年安保騒動」です。アメリカが提唱する「安全保障」の在り方を通じて「憲法9条とは何なのか?」ということを、多くの日本国民が真剣に考えたのです。

安倍首相、自衛隊幹部に訓示。安保政策の立て直しに言及。(AP/アフロ)

以来、憲法9条のあり方は、常に日本人にとっての大きなテーマとなりました。一方で、その後も日本は経済成長の道をひた走っていきます。その頂点に達した1980年代の日本の経済は「バブル経済」とも呼ばれ、アメリカの世界一の経済をも圧迫する勢いで成長しました。しかし、いつまでも成長が続いたわけではありません

押さえておこう

でした。やがてバブル経済は破綻。戦後から右肩上がりで復興の道を辿ってきた日本の勢いは収束していきます。

1989年に⑤**冷戦**が終結すると、世界の秩序が再び変わり、アメリカの一極支配へと国際環境は変わっていきました。しかしその間も、新安保条約締結時から激しい議論となった憲法第9条の意義や、アメリカとの関係についての議論は、途絶えることなく続きました。

しかし、時代と共に戦争や平和への意識は確実に薄れていきました。他国の脅威から、日本が戦争に加担するなどということは、直接その場に投じられる可能性がある自衛官などを除けば、想像しがたい、どこか現実味のない話のように多くの日本人が感じていたのではないでしょうか。

今、終戦から70年という年月が流れ、戦争を経験された世代の多くは他界し、代わって戦争を経験していない世代が大多数を占めてきています。黙っていても世代交代は確実に進んでいます。戦争とは無縁だった私たちが、戦争放棄という意識を持ち続けることは、難しいことなのかもしれません。

しかし、それは戦争から無縁だった国で生きてきた人間だけの、ある意味許されない言い訳なのかもしれません。世界各地で戦争、紛争は続いています。そして日本にとっても、これまでのように他人事という意識では許されない⑥**イスラム過激派の台頭**、⑦**中国の海洋進出**など、不気味な動きが絶え間なく起こっています。

⑤**冷戦**
第二次世界大戦後、アメリカを中心とする資本主義・自由主義の国家とソ連を中心とした共産主義・社会主義の国家における対立。

⑥**イスラム過激派の台頭**
フセイン政権が倒れたあと、混乱の続くイラクにおいて、ISIS（イラクのイスラム国）とシリアのヌスラ戦線が2013年4月に合併。2014年1月に国家樹立の宣言をしたが、それを認める国はない。

⑦**中国の海洋進出**
日本との領土問題で、2009年9月の東シナ海における尖閣諸島の日本国有化措置以降、中国公船は日本の領海および接続水域への侵入を繰り返し、この行為は常態化しているともいえる。一方、日中間だけではなく南沙諸島をめぐるフィリピンやベトナムとの確執も、事態の深刻さを増している。

そうした情勢のなか、日本では安倍内閣が⑩**集団的自衛権**をめぐり、憲法解釈の変更を提起しました。それによって再び、日本中で激しい議論が巻き起こっています。長い時間の流れのなかで目まぐるしく変化した世界情勢に応じた自国の立ち位置、同時に戦争の悲しみ、愚かさを経験した国が有する「永久に戦争を放棄する」ことを唱える憲法9条について、私たち日本人は戦後70年という節目の年を迎えた今、様々な意見、考え方を知りながら、再び考えなければならない岐路に立っているのです。

押さえておこう

⑩集団的自衛権
31ページ脚注参照。

日本の近現代と近未来を考えるきっかけに

◯若者たちが動いた憲法改正論

かねてから憲法改正に積極的な姿勢を見せていた安倍晋三首相。第三次安倍内閣を発足させて間もなく、いよいよ集団的自衛権の行使容認をめぐって改憲、あるいは憲法解釈について踏み込んだ途端、日本中で多数の議論が交わされ始めました。

前述のとおり、１９６０年に安倍首相の祖父・岸信介（当時の首相）がアメリカと新日米安保条約を締結した際には、国を揺るがすほどの大規模な反対運動が全国各地で起こりました。国の指導者らが戦後に制定された日本国憲法、とりわけ憲法９条に関わる議論に踏み込むと、国民の間に大きな議論が巻き起こります。

これまで日本国憲法の[1]**改憲・護憲**について、終戦から現在までの70年の間、

---

①改憲・護憲
34ページ脚注「改憲派」「護憲派」参照。

マスコミ各社は何度も②世論調査を行ってきました。その間にも世界情勢は目まぐるしく変化しており、時々に応じて改憲支持が護憲支持の数を上回ることもあれば、逆の結果が出ることもありました。また同じ改憲派・護憲派のなかでも、異なる意見が複数あります。いずれにしても、多様な意見が日本国民それぞれにあるわけです。

渋谷ハチ公前に集う若者たちが安保関連法案に抗議（AP/ アフロ）

今回も安倍内閣の姿勢に応じて、国民の間で様々な動きが起きています。なかでも、これまで政治には無関心だという偏見を持たれていた20代の若い人たちが立ち上がり、デモなどを通じて安倍内閣の方針に対して真っ向から反対を唱えたことは、衝撃的でした。その数は日を追うごとに膨れ上がり、同様の行動をとる主婦の団体なども現れています。

　こうした若者たちの行動に対して、「ついに若い人たちが平和を考え、立ち上がった」と歓迎する意見がある一方で、「無知なくせに感覚だけで行動

押さえておこう

②**世論調査**
30ページ脚注参照。

している」「日本の危機的な現実をわかっていない」などと非難する声もあります。

しかし、一連の安倍内閣の動向により、これまで政治に無関心だった人々が、日本のあり方を真剣に考えるようになっているのは間違いないでしょう。今や**十数万人に膨れ上がっている**[3]ともいわれている安倍内閣に対する若者たちのデモ隊ですが、共に行動に参加せずとも、同世代のこうした行動について考えている若者たちも、いや、若者だけでなく中高年の人たちも数多く存在していることは確かなはずです。

一方で、集団的自衛権の行使容認擁護派の若者たちの集団もデモを行いました。反対派よりも数は少ないですが、こちらも先々どういう規模になっていくのかはわかりません。

◯「なぜ戦争が起きるのか」を考えるきっかけに

インターネットでは、憲法改正や集団的自衛権行使容認の賛成派と反対派が、議論というより罵倒し合うような言葉の応酬も行われています。また、マスコミには出てこないような情報も無数に流れています。そうした状況のなかでは、自らの考えが定まらないという人も多いかもしれません。

しかし、なぜ国家間で戦争や紛争が起きてしまうのかという問いに対して即

③**十数万人に膨れ上がっている**
参加人数は各方面で発表が分かれており、SEALDs発表では35万人、共産党発表では12万人、警視庁発表では3万人、BBC発表では数千人と大きく数に開きがある。

答できる人などいないはずです。人々の様々な思惑や、他国民や民族への偏見などが複雑に絡み合った結果、引き起こされるのが戦争というものではないでしょうか。

第二次世界大戦が終わり、日本の同盟国であり敗戦国となったドイツやイタリアに対する非難の声は、少なくとも私たち日本人にはほとんど届いてきません。しかし日本に対しては、④**中国や韓国からの非難の声**が、近年になって増々強くなっています。

日本もドイツも、形は異なりますが⑤**戦争に対する賠償**を行ってきました。ドイツは国ではなく、ナチスによって被害を被った人々に対して個別に賠償を行うのと同時に、⑥**ナチス関係者に対して容赦ない訴追を行う**ことで、世界からの信頼を回復していきました。日本も被害を与えた国に対して多額の賠償してきました。それでも中国や韓国からの、非難の声はいっこうにやみません。

国会前で「戦争法案」に反対しデモを行う学生たち（AP/ アフロ）

押さえておこう

④中国や韓国からの非難の声
根強い反日感情のある両国が、終戦70年を迎えた今となっても、当時の戦争行為を批判し、外交面での交渉のカードにも用いている。

⑤戦争に対する賠償
第二次世界大戦に敗れた日本は、各国との個別の合意によって総額1兆3000億円の賠償金を支払っている。

⑥ナチス関係者に対して容赦ない訴追を行う
ナチスの政治的指導者は、あまりユダヤ人虐殺に直接関わりのなかった人物も、アルベルト・シュペーアを除きほとんどがニュルンベルク裁判で極刑または終身刑に処された。また、数百万人を収容所へ移送する指揮的な役割を担ったアドルフ・アイヒマンは、戦後アルゼンチンで逃亡生活を送ったが1960年に捕らえられ、62年に絞首刑となった。

そして2015年になってから、⑦**経済破綻の危機にあるギリシャ**の財務省幹部が、ドイツによって第二次世界大戦の占領で受けた損害に対する賠償額が約2787億ユーロ（約36兆円）ある、との推計を議会で明らかにし、ギリシャのチプラス政権はこれをドイツに支払うよう要求しました。EUによる経済支援をめぐり、対立するドイツに対して、ギリシャが揺さぶりをかけているとしか思えないような要求です。

一方、中国や韓国の姿勢に対して憤慨している日本人も多く存在します。⑧**戦後補償の要求**にとどまらず、⑨**日本の島に対する領有権の主張や領海への侵犯**なども、日本人の怒りを助長する行動です。

また、戦時下で密かに行われていたにもかかわらず、明るみになっていない戦争犯罪も数多くあるはずです。近年のベトナム戦争や⑩**湾岸戦争**などにおいても多くの証言があるにもかかわらず、検証されずにいる戦争犯罪の事例が無数にあります。

ひとたび戦争が起こってしまえば星の数ほどの悲劇が生まれ、その多くは戦争が収まった後もずっと尾を引いてしまうことを、過去に起きた全ての戦争が示しています。戦争に巻き込まれた多くの日本人に悲劇が待っていました。紛争への介入をし続けているアメリカの軍人や家族にも同じ立場の人が大勢います。誰もがそんな戦争を望んでいるはずはないのです。それなのに、常に戦争の危機が地球を覆《おお》っている現実があります。なぜなのでしょう。

---

⑦**経済破綻の危機にあるギリシャ**
2001年のユーロ導入時ですら財政赤字の基準を満たせていなかったことに加え、EU加盟時には財政状態を粉飾していたギリシャ。もともと賄賂や汚職、脱税が横行していただけでなく、利権絡みの公共投資の濫発などによって財政赤字は拡大していった。国債の7割を海外投資家が所有していることもあり、2009年のドバイショック以後、国債の暴落に歯止めがかからなくなった。

⑧**戦後補償の要求**
これまでに日本は賠償金を支払い、そして多額のODAをしているにもかかわらず、新たな賠償金請求を繰り返している。

⑨**日本の島に対する領有権の主張や領海への侵犯**
14ページ脚注「中国の海洋進出」参照。

⑩**湾岸戦争**
1990年8月にイラクはクウェートに対して侵攻を開始した。これに対して国際連合は多国籍軍の派遣を決定。翌年の1月からイラクへの空爆がはじまり、3月には敗戦を認めた。

戦後70年を迎えた日本において、憲法9条をめぐって戦争と平和への議論が再燃しています。「危険な国があるからには、戦えるようにするべき」「いや、絶対に戦争は避けるべき」という議論はこれからも続くことは間違いありませんが、なぜ戦争というものが起きるのか、ということまで踏み込んで考えなければ、同じことが繰り返されていくでしょう。

前述したように、インターネットなどでは議論ではなくケンカのような言葉の応酬が続いています。デモに参加した人たちが、デモとはまるで関係ない、真偽も定かでないような情報まで流されている現実もあります。憲法9条を通じて、日本のこれからを考えるような建設的な議論が交わされることこそ、いま一番求められていることなのではないでしょうか。

押さえておこう

第1部

憲法9条と日本と世界の「現状」および「近現代」を考える

GHQ原案

（原文）

Chapter II Renunciation of War

Article VIII War as a sovereign right of the nation is abolished. The threat or use of force is forever renounced as a means for settling disputes with any other nation. No Army, Navy, Air Force, or other war potential will ever be authorized and no rights of belligerency will ever be conferred upon the state.

（外務省仮訳）

第二章　戦争ノ廃棄

第八条　国民ノ一主権トシテノ戦争ハ之ヲ廃止ス他ノ国民トノ紛争解決ノ手段トシテノ武力ノ威嚇又ハ使用ハ永久ニ之ヲ廃棄ス

陸軍、海軍、空軍又ハ其ノ他ノ戦力ハ決シテ許諾セラルルコト無カルヘク又交戦状態ノ権利ハ決シテ国家ニ授与セラルルコト無カルヘシ

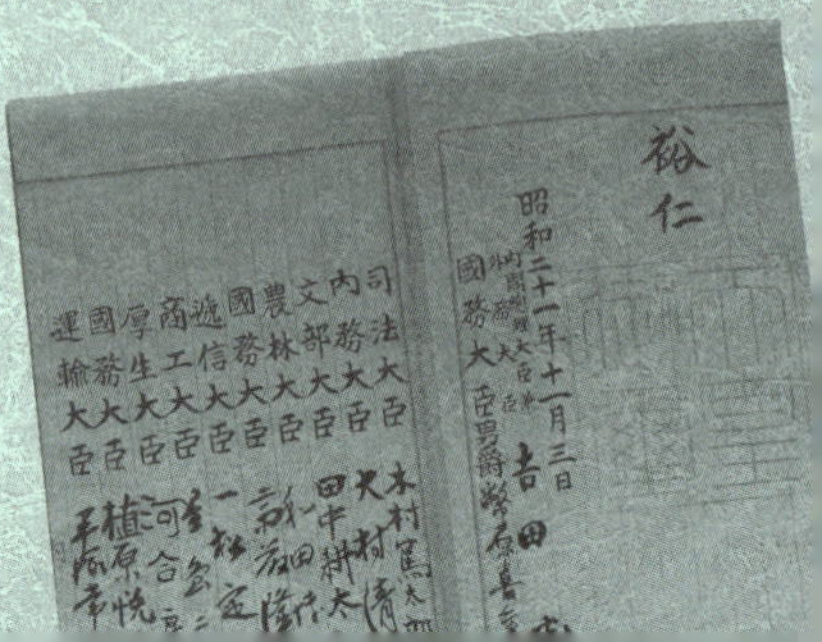

憲法改正草案要綱

第二　戦争ノ抛棄

第九　国ノ主権ノ発動トシテ行フ戦争及武力ニ依ル威嚇又ハ武力ノ行使ヲ他国トノ間ノ紛争ノ解決ノ具トスルコトハ永久ニ之ヲ抛棄スルコト

陸海空軍其ノ他ノ戦力ノ保持ハ之ヲ許サズ国ノ交戦権ハ之ヲ認メザルコト

日本国憲法

第二章　戦争の放棄

第九条　日本国民は、正義と秩序を基調とする国際平和を誠実に希求し、国権の発動たる戦争と、武力による威嚇又は武力の行使は、国際紛争を解決する手段としては、永久にこれを放棄する。

第二項　前項の目的を達するため、陸海空軍その他の戦力は、これを保持しない。国の交戦権は、これを認めない。

日本国憲法が制定・施行されるまでの流れ

1945年	
7月26日	米英中が「ポツダム宣言」を発表。
8月15日	終戦の詔書を放送（玉音放送）。
8月30日	連合国最高司令官のマッカーサーが厚木に到着。
9月 2日	東京湾の米戦艦ミズーリ上で重光葵らが降伏文書に調印。
10月 4日	GHQが「自由の指令」を発令。 マッカーサーが近衛文麿に憲法改正を示唆。
10月 9日	東久邇稔彦内閣に代わり、幣原喜重郎内閣が成立。
10月11日	マッカーサーが幣原首相に「憲法の自由主義化」を示唆。
10月25日	憲法問題調査委員会（松本委員会）が設置される。
11月22日	近衛が「帝国憲法改正要綱」を天皇に奉答。
12月26日	憲法研究会が「憲法草案要綱」を発表。

1946年	
1月 1日	昭和天皇が「人間宣言」を行う。
2月 1日	毎日新聞が「松本委員会試案」をスクープ。
2月 3日	マッカーサーが3原則を提示、民政局にGHQ草案の作成を指示。
2月 8日	日本政府がGHQに「憲法改正要綱」を提出。
2月13日	GHQは要綱を拒否、日本側にGHQ草案を手渡す。
3月 6日	日本政府、GHQとの協議に基づいた改正要綱を発表。
4月10日	第22回衆議院議員総選挙の投票が行われる。
4月17日	日本政府がひらがな口語体の「憲法改正草案」を発表。
5月22日	第1次吉田茂内閣が成立。
6月20日	第90回帝国議会に改正案を提出。
11月 3日	日本国憲法を公布。
12月 1日	「憲法普及会」が組織される。

1947年	
4月25日	第23回衆議院議員総選挙の投票が行われる。
5月 3日	日本国憲法を施行。

第1部

第1章

戦後日本の「象徴」としての憲法9条

01 憲法が議論になると必ず取り上げられる「憲法9条」

ココがわからない!!

憲法の話ではなぜ9条について騒ぐの?

日本国憲法が施行された1947年は、①ポツダム宣言を受諾し日本の敗戦が確定した1945年から、わずか2年しか経過していない戦後動乱期の真只《まただ》中《なか》にありました。日本は②無条件降伏という、いわば国の権利や尊厳さえも放棄させられた格好で、連合国の力によって屈服させられました。悲しいかな、それが戦争であり敗戦国の定めです。

連合国の占領軍が駐留するなかで、国家の根幹をなす憲法制定が行われました。駐留軍による押しつけともいわれる現行憲法を、日本人の自らの手で改正すべきという改憲論は、こうした歴史的背景に基づいています。「はじめに」

①ポツダム宣言
「日本軍の無条件降伏」等を求め大日本帝国に対して米英中の3カ国から発せられた全13カ条の宣言。

②無条件降伏
戦争終結に際して一切の拒否条件を付することなく、兵員や武器など全ての軍力を戦勝国の権力にゆだねること。

でも触れたとおり、③現行憲法がGHQの押しつけかどうかの議論もある一方で、憲法制定以降およそ70年もの間、私たち日本人は現行憲法のもとで国土の再建と発展に尽力し、世界でアメリカ、中国に次ぐ3番目の経済大国に成長しました。そのような意味では、現行憲法が果たしてきた役割は大きかったと言わざるを得ませんし、第二次大戦以降、日本は民主的な国家として、平和という恩恵をどこの国よりも謳歌《おうか》することができた、といえるでしょう。

日米安保とセットで語られる憲法9条

その背景にあったのが、戦争放棄をうたった憲法9条でした。1951年、吉田茂内閣総理大臣の時代、日本はアメリカ合衆国との安全保障条約（日米安保）を締結。在日米軍の日本駐留が継続することになりました。この④旧日米安全保障条約は、いわば連合国が主導する形で作成された憲法9条により兵力を持つことができないことから、アメリカの軍事力に守られる道を選択せざるを得なかったという、現実的な厳しい選択でした。

ところが、結果的にこれが功を奏します。日本が復興を遂げる昭和20年代後半から昭和40年代後半の⑤高度経済成長期に、本来ならば防衛費にかけるべき膨大な額の予算を、国の経済基盤整備にあてることができたのです。また、日本は他国間の紛争などに巻き込まれることもありませんでした。その結果、日

押さえておこう

③現行憲法がGHQの押しつけかどうかの議論
日本がポツダム宣言を受諾後、GHQが和平条約を締結する前の占領統治期に日本国憲法を押しつけてきたという議論。小西豊治著『憲法「押しつけ」論の幻』（講談社現代新書）は「国民主権」と「象徴天皇」の規定は日本側のオリジナルな発想によるとの主張をしている。

④旧日米安全保障条約
1960年1月に改定された〝新条約〟に対して51年調印のものを〝旧条約〟と呼ぶ。

⑤高度経済成長期
飛躍的に経済規模が継続して拡大することで、戦後日本の場合は1954年12月から1973年11月までの約19年間のこと。

本は飛躍的な経済成長を遂げることになります。

その一方で、国内では1960年、日米安全保障条約の新条約が調印されました。このときの⑥**岸信介内閣**は、憲法改正を推進する立場にありました。ところが、国会では日米安保に反対する日本社会党や共産党の抵抗に合い、国内では共産主義者が主導する⑦**全学連**が安保闘争を展開します。岸内閣が日米安保を半ば強引に国会で可決成立させると、国内はいよいよ大混乱に陥り、安保闘争は激烈を極めるようになります。

このとき、安保反対側は「日米同盟は日本を戦争に巻き込み、不戦を誓う憲法9条に反する」という論法を展開しました。岸内閣は安保条約を通したものの、憲法を改正することは結局できませんでした。

時代はそれから半世紀くだり、岸信介氏の孫にあたる安倍晋三首相が率いる内閣が、日米安全保障に関わる集団的自衛権を確立させ、憲法改正に意欲的であることは、祖父の遺恨を晴らしたいがためなのではないかともいわれています。

✤ 憲法9条改正は日本国民のタブー？

憲法改正そのものを国民に問う各新聞社の世論調査が、憲法成立直後から始まっています。その結果を見ると、1950〜1980年代までは、改正に反

⑥岸信介内閣
自由党と日本民主党が保守合同した当時の首相である鳩山一郎、その後を継いだが短命内閣に終わった石橋湛山の後を引き継いだ、岸信介を内閣総理大臣とする内閣のことで、1957年2月25日から1960年7月19日まで首相として国政を支えた。

⑦全学連
（全日本学生自治会総連合）
1948年、日本の145大学の学生自治会で結成された連合組織。60〜70年代にかけて激しい学生運動を展開した。当初は日本共産党の影響下にあったが、方向性の違いなどから現在は5団体に分裂し、それぞれの団体が全学連を名乗っている。

対が賛成を大きく上回っていました。それが、1990年代以降に逆転、それ以降は賛成が反対を大きく上回る状態が続いています。

ただし、このうち憲法9条については、1950年代から1960年代にかけて改正派が徐々に減っていき、逆に反対派が増えていきます。これは、どの新聞社が行った調査でも同様の結果でした。1950〜1960年代に限っていえば、憲法改正に賛成する人が増えていったにもかかわらず、憲法9条の改正は反対という人が増えていった時代ということがわかります。

この時期は、先に触れたとおり日米安全保障条約によって、米軍基地が国内各地につくられるようになるとともに、米ソ冷戦の時代を迎え、米軍の極東軍事拠点としての役割を担う日本が、再び戦争に巻き込まれるかもしれないという不安が高まった時期でもありました。

その後、憲法改正そのものについては1990年代に賛成と反対が逆転し、今日に至っていますが、憲法9条改正については一部の調査を除き総体としては賛成が反対を上回ることはないままです。

押さえておこう

02 国論を二分する憲法改正をめぐる議論

ココがわからない!!

改憲派・護憲派の人たちはどのような考えなの？

毎年、新聞・テレビなどの報道各社で、憲法改正に関する①**世論調査**が実施されています。その調査結果を見ると、実施した年や各社の性格によって違いは見られるものの、概《おおむ》ね「憲法改正には肯定的でも、憲法9条の改正には否定的」といった国民世論を垣間見ることができます。

各社の調査方法や設問の問い方が微妙に異なるため、大別するのは多少無理があるとお断りした上で、２０１３年の世論調査を見てみましょう。憲法改正に肯定的な回答が多かったのは、日本経済新聞（賛成56％・反対28％）、毎日新聞（賛成60％・反対32％）、ＮＨＫ（賛成42％・反対16％）、読売新聞（賛成

①世論調査
社会集団の構成員について、世論の動向を明らかにする目的で行われる統計的社会調査のこと。

51%・反対31%)、朝日新聞(賛成54%・反対37%)と、ほとんどの世論調査で賛成が反対を上回っています。これに対し、憲法9条改正に肯定的な回答が多かったのは、毎日新聞(賛成46%・反対37%)、NHK(賛成33%・反対30%)、逆に反対が賛成を上回ったのは朝日新聞(賛成39%・反対52%)と、各メディアとも憲法改正に関しては賛成が反対を上回りつつも、憲法9条に関しては賛否が分かれる結果になりました。

後退する世論、その背景にある社会情勢

ところが、2年後の2015年の調査では、憲法改正に肯定的な回答が多かったのは、読売新聞(賛成51%・反対46%)、いずれも僅差で毎日新聞(賛成45%・反対43%)、NHK(賛成28%・反対25%)、逆に反対が賛成を上回ったのは朝日新聞(賛成43%・反対48%)、日本経済新聞(賛成42%・反対44%)、産経新聞(賛成40.8%・反対47.8%)。

このように憲法改正ならびに憲法9条の改正への賛成は大きく後退しました。(94ページのグラフ参照)

2013年から2015年は、憲法改正の推進に積極的な安倍晋三内閣によって②**集団的自衛権**の法改正が行われ、憲法9条の解釈をめぐって議論が活発に行われた時期です。また国外では、日本の軍国主義の復活を懸念する中国

押さえておこう

②**集団的自衛権**
国が他国から武力攻撃を受けた場合、攻撃を受けた国が持つ自衛権(個別的自衛権)と異なり、その国と密接な関係にある他国が、その攻撃により自国の安全も危うくなるものと認めた上で、必要かつ相当の限度で反撃する権利のこと。

や韓国が反発を強めている他、中国との尖閣諸島などの領有権をめぐる争いの解決の糸口が一向に見えず、2014年から2015年には③ISIL《アイシル》による邦人人質殺害事件が発生するなど、④**平和憲法**を堅持してきた日本を取り巻く治安環境に対し、国民の不安が増大していった時期でもありました。

さらに、2015年は、第二次世界大戦終結から70年という節目の年に当たり、二度とあのような戦争を引き起こさないようにとの願いから、不戦の誓いを新たにする会合やイベントが開催されています。こうした背景が、憲法改正を慎重にさせ、とくに憲法9条改正に対して慎重にさせているとも考えられます。

✿総論賛成各論反対より、現実的な対応？

2015年にNHKが実施した『憲法に関する世論調査』によると、憲法を「改正する必要があると思う」と答えたのは28％、「改正する必要はないと思う」が25％、「どちらともいえない」が43％でした。そして、それぞれにその理由をたずねたところ、「改正する必要があると思う」と答えた人は、「時代が変わって対応できない問題が出てきたから」が79％で、改正の必要性の一番の理由に挙げています。一方、「改正する必要がないと思う」と答えた人は、「戦争の放棄を定めた憲法9条を守りたいから」が67％と、憲法9条を第一の理由に挙げ

---

③ISIL
スンニ派イスラム教原理主義組織。欧米列強が無理矢理分割した現在のイスラム諸国統一を目指し、主にイラクやシリアで支配地域を拡大している。他にもIS、イスラム国、ISIS、ダーイシュなどの呼称がある。

④平和憲法
「日本国憲法」のことを指す。前文および第9条が平和主義にもとづくものであることから、しばしばこのような呼び方がなされる。

ています。

また、これは２００７年の調査ですが、憲法９条が戦後に果たしてきた役割を評価するかどうかをたずねると、「非常に評価する」と「ある程度評価する」が合わせて81％となり、憲法改正の是非に関わらず憲法９条の役割を評価していることがわかりました。

ＮＨＫが日本の世論を代表するとはいえないとの反論もあるかもしれませんが、憲法改正に否定的な人は、今の憲法９条を守ることを最大の要因として、逆に憲法改正に肯定的な人は、必ずしも憲法９条改正を意図しているわけではないのがという人々の心理が、この調査から読み取れます。

憲法改正に否定的な人は、憲法を改正することがすぐさま憲法９条改正へとつながり、日本が戦争のできる国になると考えています。一方、憲法改正に賛成の人は必ずしも否定的な人のような捉え方はしていません。そうしたなか、憲法改正の議論が深まった２０１５年の調査結果（前掲31ページおよび94ページ参照）は、憲法ならびに９条の改正に否定的な世論に傾きました。このことは、国民が憲法の持つ意味を深く考えるようになったと同時に、世界で起こる日本を取り巻く治安悪化の懸念材料を考慮したうえでの選択と考えられるのかもしれません。

押さえておこう

03 憲法改正について意見を持つ人たちの〝種類〟

ココがわからない!!

改憲派と護憲派、その「あいだ」はないの？

憲法改正を論ずるとき、よく耳にするのが「①改憲派」と「②護憲派」という言葉ですが、これは憲法改正論議の際、「賛成」か「反対」かの代名詞のように使われているように思われます。

11章103条からなる日本国憲法は、1947年5月3日に施行されましたが、以来半世紀以上にわたって今日に至るまで改正されたことは一度もありません。憲法制定直後から憲法改正に対する議論は、たびたび行われてきました。にもかかわらず、なぜか日本国憲法は、戦後70年一文も（一言一句たりとも）改正されずに今日に至っています。

①改憲派
現状の憲法を改正しようという考え方の人々。

②護憲派
現状の憲法のままでよしとする考え方の人々。

日本国憲法が施行される以前、日本には天皇の絶対的な権威を規定する「③大日本帝国憲法」という憲法がありました。それは、国家のあるべき方向を決定する権限を天皇に一極集中するという絶対君主制（もしくは立憲君主制という見方もある）の考え方でした。

しかし、その強大な権限が軍国主義者などに巧みに利用され、日本が戦争へと導かれてしまったことへの反省から、終戦直後に国民が主権者である民主国家へと方向を転じました。それを規定するのが1946年制定の日本国憲法であり、その柱は3つ、「基本的人権の尊重」、「④国民主権」、「平和主義」です。すなわち、個人の自由と権利を尊重し、二度と戦争を起こさない平和国家をめざすことが理念として盛り込まれたのです。

これらの理念に対して、異を唱える国民がまったく存在しないとはいいきれないのが世界の現実で、そういう日本だからこそ、他国や第三者の思惑によって国家・国民の権利や平和を侵害されかねないともいえるのではないでしょうか。すなわち、永久に戦争を放棄し軍隊を持たない日本が、他国からの攻撃を受けけたとき、どうやって自国を守ればいいのか。こうしたジレンマを抱えつつ、憲法解釈ギリギリの範囲内で法律を改正し、時の政治家たちは苦労しながら現実との〝調整〟をしてきました。

押さえておこう

③大日本帝国憲法
明治天皇によって1889年に制定・公布された7章76条から成る欽定憲法。天皇主権・統帥権の独立などを特色とし、臣民の権利や義務、帝国議会の組織、司法、会計などに関して規定されていた。現行の日本国憲法と対比して旧憲法、あるいは帝国憲法、明治憲法などともいわれる。

④国民主権
主権は国民にある、という思想のこと。国民が政治権力の源であり、政府は国民の意思により設立され運営される機関であるとする考え方。「主権在民」と呼ばれることもある。

✿改憲と護憲だけが、憲法改正の論点ではない

「護憲派」の主張は明快です。簡単に言うと、「平和を維持するためには、現行憲法を変えるべきではない」。その対極にある「改憲派」は、「時代に即して柔軟に憲法を見直すべき」という主張です。戦後70年、水と油のように、両者の主張は混じり合うことなどありませんでした。こうした二極相反する対立軸の膠着状態を危惧した人々の中から、憲法を論ずるときのさまざまな考え方が導き出されています。

その一例をあげると、憲法のあり方を論ずる「論憲」(民主党)、新しい憲法を創る「創憲」(民主党)、新しい憲法の考え方を加える「加憲」(公明党)、その他としては「活憲(現行憲法を活かす)」、「修憲(現行憲法を修正する)」など。⑤**新しい造語**がそれぞれの考え方や思惑によって、雨後《うご》の筍《たけのこ》のように次々と生み出されています。

✿改憲するかしないかの考え方

そもそも、現行憲法の見直しに対する議論さえも一切まかりならぬという考え方は、少し宗教がかっている気がします。宗教の教義は、信仰者にとっては

---

⑤新しい造語
「憲法改正」ではなく「憲法改悪」であるというのと同じ意味合いで「改憲」を「壊憲」という人もいる。

心の拠《よ》り所《どころ》となる頼もしい存在かもしれませんが、憲法は宗教ではありません。

国民主権を基本理念に掲げている日本国憲法の主役は、私たち国民であり、一人ひとりが自由に憲法を議論し、場合によっては修正や加筆をすることのできる権利が、憲法では保障されているのです。

国民の意識は、時代とともに変わっていきます。そのときどきの国民が、その時代に合わせて憲法のあり方を選択する。当然のことながら、現行憲法を変えないということも選択肢のひとつではあります。憲法に対する国民的議論が活発に行われることで憲法がブラッシュアップされ、個人の人権が尊重される自由で平和な国家として成熟していくことを期待したいものです。

押さえておこう

04

日本国憲法の草案が作られたとき日本人がとった反応

ココがわからない!!

制定前に日本では話し合わなかったの？

１９４５年8月15日、日本はポツダム宣言を受諾し、大東亜戦争は日本の敗戦という形で終結しました。そして、１９４７年5月3日に日本国憲法が施行されるまでのわずか2年余りで日本国憲法が作成されました。日本国憲法は、連合国軍最高司令官総司令部（以下、ＧＨＱと記す）によって作成されたものであり、①**占領軍から押しつけられたもの**だとする議論がありますが、これは少々極端な歴史解釈といわざるを得ません。確かに、憲法公布に至る過程で、かなり強引にＧＨＱが主導したことは確かですし、ＧＨＱ最高司令長官のダグラス・マッカーサーが記した、いわゆる「マッカーサー草案」をもとに、ＧＨ

①占領軍から押しつけられたもの
27ページ脚注「憲法が連合国の押しつけかどうかの議論」参照。

Ｑによって作成された憲法改正案要綱が日本国憲法草案のベースになっていることも事実です。しかし、１９４６年4月17日の憲法改正案の公表までの間に、日本国民が憲法草案の作成に関わらなかったのかというと、そうでもありません。では、そのとき日本ではどのような動きがあったのかを見てみましょう。

マッカーサー草案には、日本人の案が盛り込まれている

マッカーサーは日本の占領政策の最重要課題のひとつに、日本国新憲法の制定を掲げ、日本政府に大日本帝国憲法の改正を要請します。それを受けて、日本の政府内に②**憲法調査委員会**が発足。改正案の作成に動き出します。当時の内閣情報局世論調査課が行った『憲法改正に関する世論調査』によると、大日本帝国憲法を改正することについては全体の75％が必要と答えており、その内容としては天皇大権の制限ならびに議会の権限の増大が最も多く、貴族院の廃止もしくは改革、民意の尊重、人民の権利の拡張・自由の保障と続きました。

ところが、こうした調査をもとに、政府が極秘で作成を進めていた試案のひとつが、毎日新聞にスクープされます。それは、天皇の統治権を容認していた大日本帝国憲法と、あまり変わらない内容でした。

それを知ったマッカーサーは、ＧＨＱで憲法草案を作成し日本政府に示すことを決意します。その背景には、ＧＨＱの上部組織となる③**極東委員会**の発足

押さえておこう

②憲法調査委員会
１９５６年に制定された憲法調査会法に基づき設けられた、日本国憲法に関する調査や研究、審議等を行うための国家機関。国際情勢の変化等に応じて１９５６年、２０００年にも設置された。

③極東委員会
第二次世界大戦に敗北した日本を占領した連合国が、日本を管理するために設けた政策機関。１９４５年９月に設置されたが、12月に開催されたソ連・アメリカ・イギリスのモスクワ三国外相会議で、英・米・ソと中国、オランダ、オーストラリア、ニュージーランド、カナダ、フランス、フィリピン、インドの11カ国代表で構成されることが決定した。

が迫っていたことがありました。マッカーサー自身は、円滑な戦後統治を行う上で、天皇は日本国民にとって必要な存在と考えていましたが、極東委員会は天皇制の廃止、さらには天皇の戦争責任追及にまで踏み込むのではないかと危《き》惧《ぐ》していました。マッカーサーは極東委員会が本格的に発足するまでの間に憲法制定の道筋をつけておきたいとの思いから、マッカーサー三原則（封建制廃止、戦争放棄、天皇制の存続）を打ち立てた④**マッカーサー・ノート**を提示し、GHQ内部での草案づくりに着手します。このマッカーサー草案の作成に際しては、日本人の憲法学者や戦争中に民主化を求めて投獄された経験のある活動家などが独自に作成し公に発表していた案を入手して、優れていると彼らが判断した内容を採用しました。

国民の総意に基づく新憲法づくりが行われる

マッカーサー草案をもとに、日本政府はGHQとの厳しいやりとりのなかで憲法改正草案要綱を作成し、1946年3月6日、国民に公表します。そして、この案を争点のひとつとした衆議院議員選挙の投票が4月10日に実施されます。この選挙を実施するにあたり、⑤**女性の参政権**が認められ、79人の女性が立候補し39人が当選。日本の政治に男女平等という概念が初めて取り入れられたのです。

---

④マッカーサー・ノート
国際世論から天皇制廃止を要求される恐れがあるとの判断から、マッカーサーがGHQ民政局（GS＝58ページ脚注参照）の局長ホイットニーに示したメモのこと。この指示によりGHQは日本国憲法草案を作成した。

⑤女性の参政権
1945年、改正衆議院議員選挙法公布により女性の国政参加が認められ、翌年の衆議院選挙で女性議員39名が誕生した。

主権が天皇から国民に移り、戦争の放棄や基本的人権の尊重などを盛り込んだ自由で民主的な憲法を、国民は戸惑いながらも好意的に受け入れ、国会審議の過程で⑥**生存権**や⑦**国家賠償請求権**などの新たな条文が追加され、同年10月6日に可決。11月3日に日本国憲法が公布され、1947年5月3日に施行されました。

日本国憲法が誕生するまでのプロセスを見ると、GHQ主導で作成された憲法であったことは、ほぼ間違いないでしょう。しかし、当時の民主的な思想に慣れていない日本人の手によって、現行憲法のような案が作成できたでしょうか。そして、民主的な手続きを経て、日本国民の総意による新しい憲法が制定できたのでしょうか。少なくとも、GHQ主導であったにせよ、敗戦の痛手から立ち直ろうとしていた日本人が、自由や平和、平等といった民主主義の考え方を明文化した新憲法に、未来への夢と希望を見いだし励まされたことは、まぎれもない事実です。

ちなみに5月3日が憲法記念日として祝日になったのは憲法施行の翌年1948年からで、以来その日は毎年のように護憲派と改憲派がそれぞれの主張をアピールする集会を開くようになり、今日に至っています。

押さえておこう

⑥生存権
1919年に制定されたドイツのワイマール憲法が具現化の先駆けとされる、比較的新しい人権。GHQの草案にはなかった。

⑦国家賠償請求権
国や地方公共団体によって国民が利益や権利を違法に侵害された場合、国や地方公共団体に賠償を求めることができる権利。

05

法律問題であり政治問題、国際問題にもなり得る憲法9条

ココがわからない!!

世界のなかで憲法9条の評価はどうなっているの？

「戦争の放棄と戦力及び交戦権の否認」をかかげる憲法9条は、平和主義を理念とした日本国憲法の根幹に関わる条文として、国内外からその行方について高い関心が寄せられています。そもそも日本国憲法の条文で、他国間との利害関係につながる問題に触れている条文は、9条をおいて他にありません。そういうデリケートな問題だけに、憲法改正の話題が出るたびに海外から注目を集め、国内においては常に①**96条**（憲法改正の発議、国民投票）と9条がセットで議論されることになります。

加えて9条がたびたび議論の的になるのは、条文の解釈によって方向が大き

---

①96条
憲法96条（第1項）の条文は次のとおり。「この憲法の改正は、各議院の総議員の3分の2以上の賛成で、国会が、これを発議し、国民に提案してその承認を経なければならない。この承認には、特別の国民投票又は国会の定める選挙の際行はれる投票において、その過半数の賛成を必要とする」

く異なる点にあります。とくに第1項の「国権の発動たる戦争と、武力の威嚇又は武力による行使は、国際紛争を解決する手段としては、永久にこれを放棄する」という文章の解釈が、②憲法論者のなかでも分かれています。また、「国際紛争を解決する手段としては」は文法解釈的に後段のどこにかかる文言なのか、そしてそれは何を意味しているのか、さらに第2項の「前項の目的を達するため」の「前項」とは、何を指しているのか（いわゆる③芦田修正）、同じく第2項の「陸海空軍その他の戦力」の「戦力」ならびに「国の交戦権」の「交戦権」の定義に加え、とりわけ自衛のための戦争は認められるのかどうかなどが長年にわたって議論されてきました。

自衛のための戦争も放棄しているのか

もし、日本が他国から侵略を受けた場合、国民の生命と財産を守るために自衛のため抗戦できるのでしょうか。また、陸海空軍その他の戦力を保持しないとうたった憲法9条に自衛隊は矛盾しないのでしょうか。詳しくは後述しますが、これらの解釈をめぐる議論は続いています。日本が憲法9条のなかで、自衛のための戦争までも放棄をしているとしたら、世界でもほかに例をみない画期的な憲法といえるでしょう。その場合、日本は国家そのものを失うという大きな代償を払うことになるかもしれません。それもやむなしと日本国民の総意

押さえておこう

②憲法論者のなかでも分かれて
憲法９条の第１項および第２項の解釈における諸説については１１４ページ参照。

③芦田修正
１９４６年、憲法改正草案を審議する日本政府憲法改正小委員会で芦田均委員長が第９条第２項の冒頭に「前項の目的を達するため」という文言を挿入する修正を行った。これによって自衛権の保持、国際安全保障への参画を可能にしたとする見方がある。

で決めたならば、国際社会は異論を挟むことはないでしょう。ただ、それは必ずしも日本人の誰もが望んでいるわけではありません。

そこで、日本が自国を守るために、憲法解釈の範囲内でつくられたのが、1954年に設立された④**自衛隊**です。政府は、憲法9条は戦争の放棄と戦力の不保持を定め、交戦権は認めないとしていますが、自衛権を放棄しているわけではなく、その裏づけとなる自衛のための必要最小限の実力は、第2項で定めた「戦力」にあたらないとの見解を示しています。

✤国際社会のなかで揺れる憲法9条の改正論

戦後から今日に至るまで、日本は国際紛争に巻き込まれることなく、繁栄を謳歌することができました。しかし、今や世界第3位の経済大国の座にある日本に対して、国際貢献を望む国際社会の声は増す一方です。また、日米同盟を堅持する日本はアメリカ合衆国の武力の傘ひいては核の傘に守られており、そのアメリカからも同盟を維持するための応分の負担を求められています。第二次安倍晋三政権になり、国際社会への貢献の一環として⑤**集団的自衛権**を認める法案を成立させ、さらに憲法改正にも意欲を示しています。これまで、先送りにされ続けてきた問題に一歩踏み込んだ安倍政権が、歴史のなかでどう評価されるかはわかりません。しかし、事なかれ主義が多かった近年の政治家のな

④自衛隊
1954年設立。自衛隊法第3条第1項にて「我が国の平和と独立を守り、国の安全を保つため、直接侵略及び間接侵略に対し我が国を防衛することを主たる任務とし、必要に応じ、公共の秩序の維持に当たる」と定められており、災害派遣、国連PKOへの派遣などの国際平和協力活動を副次的任務としている。

⑤集団的自衛権
31ページ 脚注参照。

かでも突出した積極性のある政治家として、歴史に名を残すことは間違いないという識者もいます。

ところが、この国際貢献をしようとする日本の姿勢に対し、中国や韓国が懸念を示しています。その理由として挙げられるのは、日本が再び軍事国家になり、侵略を開始するのではないかという理屈です。かつて日本は、他国を震え上がらせるほどの軍事強国でした。また日本兵はとても精強でした。だから仕方のないことかもしれませんが、これからの紛争解決への国際貢献を日本が果たそうとすれば、この先も常についてまわるやっかいな課題といえるでしょう。

一方、その逆の問題もあります。日本に対して軍事的威嚇を続ける北朝鮮や、領土問題を抱える中国・韓国・ロシアなどとの関係がこれです。日本を取り巻く対外環境は、決して安泰とはいえないのです。

今後、憲法９条を含む憲法改正議論が日本で活発化すれば、憲法解釈をめぐる法律問題、国内世論の動向次第では政治問題、さらに近隣諸国との軋轢《あつれき》を顕在化させる国際問題にも発展しかねない、戦後日本の大きな課題なのです。

押さえておこう

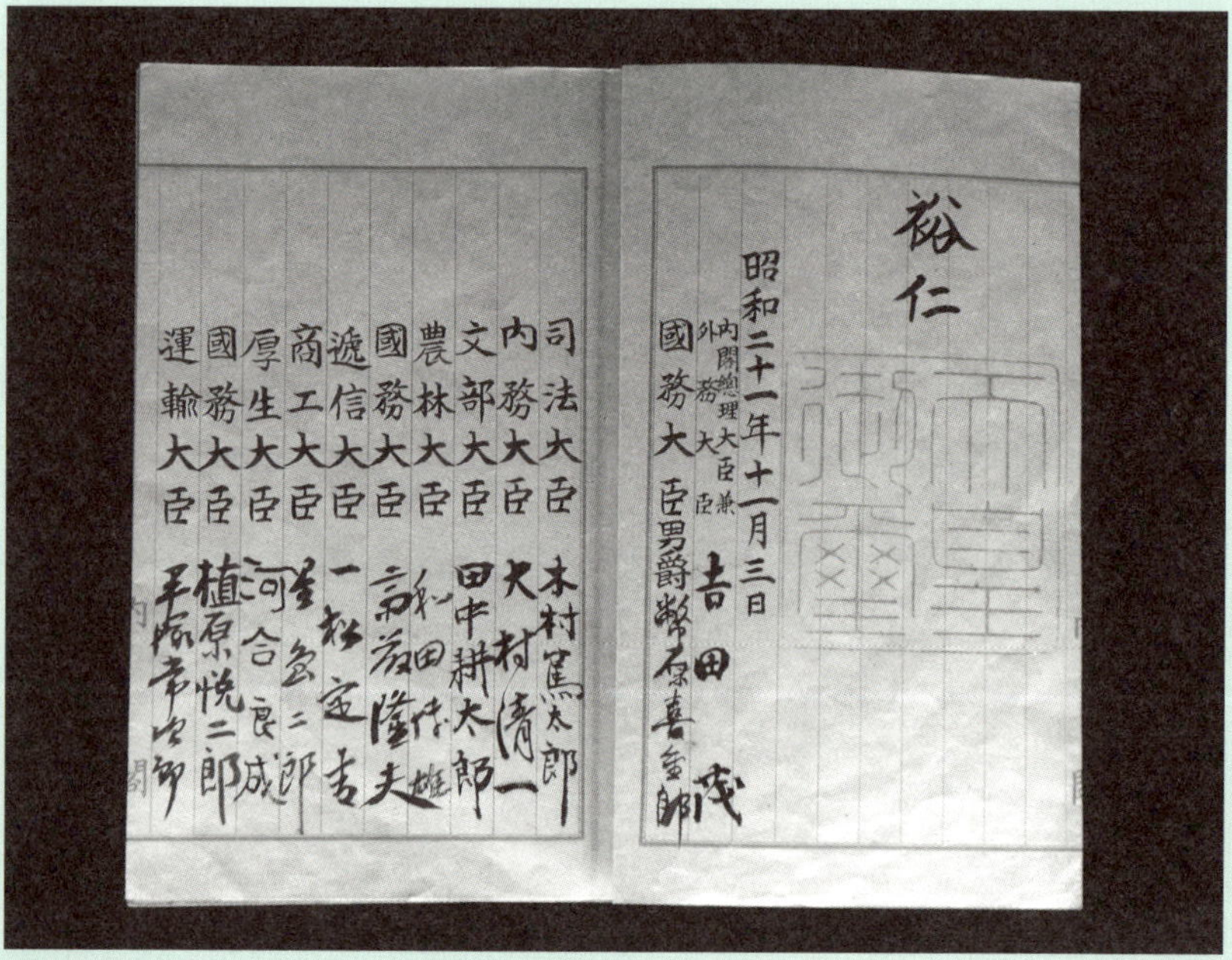

裕仁

天皇御璽

昭和二十一年十一月三日

内閣総理大臣兼外務大臣 吉田茂

國務大臣男爵 幣原喜重郎

司法大臣 木村篤太郎

内務大臣 大村清一

文部大臣 田中耕太郎

農林大臣 和田博雄

國務大臣 齋藤隆夫

逓信大臣 一松定吉

商工大臣 星島二郎

厚生大臣 河合良成

國務大臣 植原悦二郎

運輸大臣 平塚常次郎

日本国憲法は 1946 年 11 月 3 日に公布された。
公布書には、第 1 次吉田茂内閣の各大臣が副署している。
天皇を国の象徴とし、国民主権、基本的人権の尊重、平和主義を基本的原則とするとともに、三権分立を徹底した日本国憲法は、1947 年 5 月 3 日に施行された。
毎日新聞社 / アフロ（国立公文書館所蔵）

第1部

第2章

そもそも憲法9条ってどんな条文？

06

1条2項目で1章を構成する憲法9条、その〝思想的源流〟

ココがわからない!!

わずかな条文で9条が構成されているのはなぜ？

憲法9条の全文は、次のとおりとなっています。

> 第9条　日本国民は、正義と秩序を基調とする国際平和を誠実に希求し、国権の発動たる戦争と、武力による威嚇又は武力の行使は、国際紛争を解決する手段としては、永久にこれを放棄する。
> 2　前項の目的を達するため、陸海空軍その他の戦力は、これを保持しない。国の交戦権は、これを認めない。

前記2項からなる〝一つの条文〟で一つの章（第2章「戦争の放棄」）を構成している憲法9条は、「国民主権」「基本的人権の尊重」と並ぶ三大原理のひとつに挙げられる「平和主義」について規定しています。他の章より短く、少ない条文であることが、この平和主義をうたう憲法9条の重さを示しているといえるでしょう。

この短い条文の考え方のもとになったもの、すなわち憲法9条の〝思想の源流〟は、どこに求められるのでしょうか。

結論から言うと、憲法9条第1項は、第一次世界大戦後の1928年（昭和3年）8月にアメリカ、フランス、イギリス、ドイツ、イタリア、日本など15か国の間で結ばれた、いわゆる①**パリ不戦条約**（のちにソビエト連邦など多数の国が署名）の第1条と文言が似通っていて、これをモデルにしたといわれています。

パリ不戦条約の第1条では「国際紛争解決のため戦争に訴えることを非とし、かつその相互関係において国家の政策の手段としての戦争を放棄する」旨を定め、さらに第2条で「締約国は、相互間に発生する紛争または衝突の処理または解決を、その性質または原因の如何《いかん》を問わず、平和的手段以外に求めない」ことを掲げました。

これらの条文によって、あたかも国際間で一切の武力行使が禁じられたかのように読み取れますが、実際には各国の自衛権に基づく戦争までを否認するも

押さえておこう

①パリ不戦条約
西欧諸国では、多くの犠牲者を出した第一次世界大戦を経験したことで、1928年8月、フランスの外相ブリアンがアメリカに対し、戦争放棄を目的とした仏米協定締結を提案した。それを受けたアメリカ国務大臣ケロッグが、多角的な国際条約にする必要があると各国に働きかけ、ドイツ、日本も含む15カ国が参加してパリで調印し成立した。後に63カ国が参加し、全世界的な国際条約となった。提案者二人の名前をとって「ケロッグ・ブリアン協定」ともいう。

のではないことが確認された上での条約成立でした。また、ほかにもさまざまな法的な不備があり、歴史的な制約もからんだ結果、パリ不戦条約は自衛戦争を名目とした侵略戦争に歯止めをかける役割を果たせず、やがて第二次世界大戦の勃発《ぼっぱつ》を招きました。

そのため、憲法9条はパリ不戦条約がめざした理想と同様に自衛戦争をも禁じたものではないのか、あるいは武力行使を全面的に禁じたものであるのか、異なる解釈を生む一因となりました。

なお、通説では、連合軍（GHQ）のダグラス・マッカーサー最高司令官が**幣原喜重郎**②首相と合議の上、このような条項を憲法に盛り込むことを決めたとされています。マッカーサーが平和憲法の制定を推し進めた要因として、GHQの上部組織にあたる**極東委員会**③の存在と天皇制存廃の問題が挙げられます。

✤ 極東委員会とマッカーサーの思惑

極東委員会は連合国による日本占領政策を決定する目的で設置され、その構成諸国の間からは天皇制の廃止や昭和天皇の戦争責任を問う主張が持ち上がっていました。これに対し、実質的に日本の統治を一手に担うGHQおよびマッカーサーとしては、日本の一般国民の敵愾心《てきがいしん》を再び煽《あお》らないためにも天皇制を

②**幣原喜重郎**
第二次世界大戦後、第44代内閣総理大臣に就任。マッカーサーとの会談で天皇制の護持、平和主義を提案したとされている。

③**極東委員会**
39ページ脚注参照。

存続させたいという考えでいました。そこで、④**象徴天皇制**（第1章）と戦争放棄（第2章）を掲げる憲法をいち早く打ち出すことで極東委員会や国際世論の機先を制したのです。

外交官出身で第二次世界大戦前は外務大臣も務めた幣原が首相としてマッカーサーと直談判した際に、どちらが先に戦争放棄を提案したかをめぐっては今も議論があります。しかしいずれにせよ、幣原内閣をはじめ⑤**国体の護持**を願う日本の保守勢力とGHQが、天皇制温存の点で思惑の一致を見たことはいうまでもありません。このように、今のような日本であり続けたことの賛否は別として、戦前から続く天皇制を維持する新しい在り方はこのときに規定されたのです。

押さえておこう

④象徴天皇制
日本国憲法において、天皇は「日本国の象徴」「日本国民統合の象徴」とする一方、国政に関する権能を有しないことを規定されている。

⑤国体の護持
国体とは国の基礎的な政治原則を意味する。ここでは日本の天皇を中心とした秩序・政体のこと。

07 戦争に倦《う》んでいた欧米、戦火が絶えなかったアジア

ココがわからない!!

戦火の絶えない時勢だからこそ平和を願う憲法が生まれた？

戦争放棄を掲げる画期的な憲法が生まれた背景には、当時の世界を覆う厭戦《えんせん》の空気があったことも見落とせません。

１９１４年７月から18年11月まで続いた第一次世界大戦の終結から21年後、39年９月に第二次世界大戦が勃発しました。第一次世界大戦のさなかに生まれた子どもが20代前半の青年に成長した頃、世界は再び大規模な戦争に突入したのです。

２つの大戦の間隔が20年ほどということは、つまり、一生のうちに２度の世界大戦を経験した人もざらにいたことになります。第一次世界大戦で夫や子を

失い、さらに第二次大戦で子や孫を失った経験を持つ家族も、少なからず存在したことになります。第一次世界大戦後に欧米の列強や日本をはじめとする各国の間で①**不戦条約**が結ばれましたが、それも抑止力を発揮せず、人類は再び同じ過ちを繰り返したのです。

多大な犠牲への反省から生まれた平和憲法

終結まで6年を要した第二次世界大戦による犠牲者の数は、交戦国および中立国の軍人・民間人の総計で5000万人〜8500万人に上るとされます。そのうち、日本の戦没者数は厚生労働省の公表によれば概算で310万人。もちろん、敗戦国だけが戦争の痛手をこうむるわけではありません。戦勝国であるソビエト連邦は、世界最多の2660万人（1993年にロシア科学アカデミーが発表した公式数値）もの犠牲者を出しました。

2度にわたる大戦で世界は疲弊し、もう戦争はこりごりだという共通の思いが多くの人々の胸に宿りました。こうした土壌のもとに、日本の「平和憲法」は一種のモデルケースとして生まれたという側面があります。

また、終戦に際して②**ポツダム宣言**を受諾し、いわゆる〝軍国主義〟との決別に同意した日本が、国外で起こした軍部主導の侵略行為について国際社会に対して反省の意を示すために平和主義を選択したという、もう一方の側面も認

押さえておこう

①不戦条約
49ページ脚注「パリ不戦条約」参照。

②ポツダム宣言
26ページ脚注参照。

められます。

✤ 贖罪《しょくざい》の側面を持つ戦争放棄宣言

当時のスローガンにいう自存自衛と大東亜共栄圏の構築という大義のもと、フランス領インドシナ（現在のベトナム、ラオス、カンボジア）を皮切りに、日本軍は、欧米諸国の植民地だったマレーシア、ビルマ、インドネシア、フィリピンなどを次々に占領しました。

当初は連戦連勝を重ねた日本軍でしたが、事前の想定以上に戦線が拡大したこともあって、前線の兵士や物資の補給に事欠くようになりました。そのうちに態勢を立て直した連合軍の反撃を受けて徐々に後退を余儀なくされるのですが、それでも執拗に抗戦を続けたため、長引く両軍の攻防戦の舞台となった太平洋や現在のニューギニアでは戦火が絶えませんでした。

日本の敗戦が確定後、その占領政策を決めるために設けられた③**極東委員会**には、アメリカやソ連のほか、日本に植民地を奪われたオランダやフランス、さらには長らく日本軍との激戦地となった中国（当時は中華民国）などが名を連ね、日本に対して厳しく戦争責任を追及することが予想されました。そこで、極東委員会の矛先をかわすためにも、日本は戦争放棄を宣言する必要があったのです。

押さえておこう

③極東委員会
39ページ脚注参照。

敗戦後の日本　政府と連合国の関係

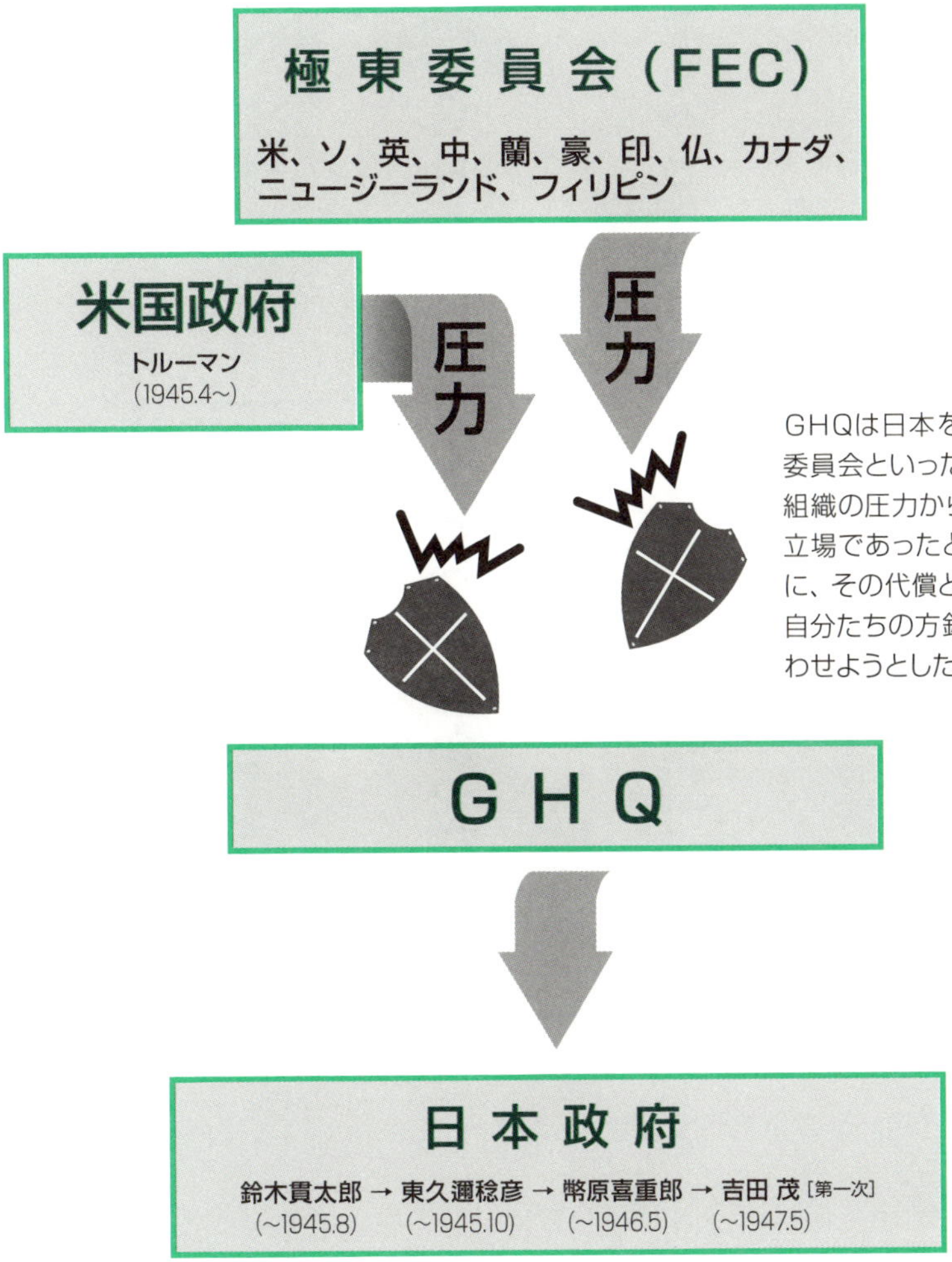

GHQは日本を極東委員会といった上位組織の圧力から守る立場であったと同時に、その代償として、自分たちの方針に従わせようとした。

08

平和主義を強調する憲法前文に込められたGHQの思惑

ココがわからない!!

GHQは日本をどうしたかったの？

✿ これでもかとばかりに繰り返される「平和」

11の章からなる日本国憲法には、平和主義をはじめとする、その基本原理を示した前文が付されています。いささか長文になるので、部分的に抜粋して以下に記します。（下欄に英文）

日本国民は、正当に選挙された国会における代表者を通じて行動し、われら

とわれらの子孫のために、諸国民との協和による成果と、わが国全土にわたつて自由のもたらす恵沢《けいたく》を確保し、政府の行為によつて再び戦争の惨禍《さんか》が起《おこ》ることのないや《(よ)》うにすることを決意し、ここに主権が国民に存することを宣言し、この憲法を確定する。（中略）

日本国民は、恒久の平和を念願し、人間相互の関係を支配する崇高な理想を深く自覚するのであつて、平和を愛する諸国民の公正と信義に信頼して、われらの安全と生存を保持しようと決意した。われらは、平和を維持し、専制と隷《れい》従《じゅう》、圧迫と偏狭を地上から永遠に除去しようと努めてゐ《(い)》る国際社会において、名誉ある地位を占めたいと思ふ《(う)》。われらは、全世界の国民が、ひとしく恐怖と欠乏から免《まぬ》かれ、平和のうちに生存する権利を有することを確認する。（後略）

まず、第1段落で「政府の行為によって再び戦争の惨禍が起ることのないようにする」との意思が表されています。さらに第2段落では、「平和」というキーワードがこれでもかとばかりに繰り返されます。

前文全体を通して見ても、平和を追求する姿勢と、そこに密接に関わる国際協調について、大きな比重が置かれています。前記の抜粋部分は、憲法前文のほぼ半分の長さを占めます。

押さえておこう

The Constitution of Japan (promulgated November 3, 1946)

We, the Japanese people, acting through our duly elected representatives in the National Diet, determined that we shall secure for ourselves and our posterity the fruits of **peaceful** cooperation with all nations and the blessings of liberty throughout this land, and resolved that never again shall we be visited with the horrors of war through the action of government, do proclaim that sovereign power resides with the people and do firmly establish this Constitution.

We, the Japanese people, desire **peace** for all time and are deeply conscious of the high ideals controlling human relationship, and we have determined to preserve our security and existence, trusting in the justice and faith of the **peace**-loving peoples of the world. We desire to occupy an honored place in an international society striving for the preservation of **peace**, and the banishment of tyranny and slavery, oppression and intolerance for all time from the earth. We recognize that all peoples of the world have the right to live in **peace**, free from fear and want.

✿ 当初は前文に組み込まれていた9条

日本国憲法は①GHQの主導で起草されたものですが、GHQ②民政局が作成した試案と原案の段階では、憲法9条がはじめ前文の中に組み込まれ、次に第1条へ移された形跡が見られます。これは、まず何よりも平和主義の原則を第一に打ち出し、そこに世界の注目を集めたいと考えたマッカーサーの意向を反映したためとされます。そう考えた理由は、ここまでに示したとおりです。

結局、GHQが天皇の存在に配慮し、象徴天皇制について定めた内容に第1章（第1条〜第8条）を譲ったため、戦争の放棄に関する条項は第2章（第9条）に据えられました。この経緯からも、いかにGHQおよびマッカーサーが平和主義を強調したかったかがわかります。第1章を天皇に関する規定に譲ったので、ことさらに前文で平和主義の原則について強調することにした、と言い換えられるかもしれません。

いずれにせよ、このように前文と9条は深く結びつき、いわば一体をなすものだったと考えられるわけです。

押さえておこう

①GHQ
総司令部のことで、第二次大戦後、連合国軍が日本占領中に設置した。正式名称は連合国軍最高司令官総司令部。マッカーサーを最高司令官とし、占領政策を日本政府に施行させた。1952年講和条約発効により廃止された。

②民政局（GS）
軍閥や財閥の解体や軍国主義思想の破壊などを遂行し、占領政策、日本の民主化政策の中心的役割を担ったGHQの内部組織。

ダグラス・マッカーサー
アメリカ陸軍元帥。連合国軍最高司令官総司令部の最高司令官として日本に赴任した。「マッカーサー・ノート」に示された3原則は、日本国憲法の草案が作成される過程において多大な影響を与えたとされる。（AP/アフロ）

09 米国＝GHQの〝ご都合主義〟で日本の〝再軍備〟が命じられた？

ココがわからない!!

日本はGHQにふりまわされたの？

憲法9条第2項に「陸海空軍その他の戦力は、これを保持しない」と明記されているにもかかわらず、日本には事実上の軍隊である①**自衛隊**が60年前から存在しています。それが憲法に適《かな》うものであるか否か、あるいは戦力を保持することの是非論はさておき、ここでは1954年に自衛隊が誕生するに至った経緯について説明します。

②**ポツダム宣言**に従って旧大日本帝国軍は解体され、終戦以後の数年間、日本には独自の軍隊が存在しませんでした。かわりに、「進駐軍」こと連合国側の占領軍（GHQ）が日本に駐留していました。

①自衛隊
44ページ脚注参照。

②ポツダム宣言
26ページ脚注参照。

やむをえずにせよポツダム宣言を受諾し、戦勝国の占領軍が駐留する状況下で、さらに憲法で戦争放棄を宣言した以上、自国の軍隊を持たない（持つことを許されていない）のは何ら不思議なことではないと、当時の日本では吉田茂首相（当時）をはじめ一般的に考えられていました。

✿朝鮮戦争の勃発を機に情勢が一変

この認識を大きく変えるきっかけになったのが、朝鮮戦争の勃発です。

第二次世界大戦の終結後、それまで日本が支配していた朝鮮半島は、アメリカとソ連の進駐を受けて、北緯38度を境に南北に分断されました。アメリカの占領地に大韓民国（韓国）、ソ連の占領地に朝鮮民主主義人民共和国（北朝鮮）が建国されたのです。アメリカ陣営の西側（資本主義）諸国とソ連陣営の東側（社会主義）諸国に世界が分かれて対立する構図の中、同じ民族が住む2つの国はいがみ合う関係となりました。そして、1950年6月25日、両国を分断する北緯38度線を越えて、北朝鮮が突如として韓国に攻め入ったのです。

これを受けてアメリカは、韓国に派兵することを決めました。日本に駐留していたアメリカ兵7万5000人のほぼすべてが韓国へ送り込まれたのです。

しかし、この隙に北朝鮮を支持する勢力が日本および日本に駐留するアメリカ軍の基地を襲撃したら、あるいは、もしもソ連が日本に攻め込んだら……と、

押さえておこう

GHQは懸念を抱きました。そこで方針を切り換え、陸上自衛隊の前身となる「警察予備隊」を創設するよう日本に命じました。こうして、警察力を補うという名目で1950年8月に警察予備隊が設置され、日本は再軍備の道を歩み出したのです。

「警察予備隊」から「保安隊」そして「自衛隊」へ

翌51年9月に日本はサンフランシスコ講和会議で独立を認められ、日米安全保障条約が結ばれました。52年4月の③**講和条約**発効にともない、GHQによる日本占領が終了。同8月には保安庁が設置され、10月に警察予備隊は保安隊に改められ、また警察予備隊と同時期に海上保安庁内に組織された海上警備隊（海上自衛隊の前身）は警備隊と改められ、ともに保安庁の配下に組み込まれました。警察と海上保安庁の一部だった警察予備隊や海上警備隊とは異なり、警察力を超えた装備を持つ組織としての色合いを濃くしたのです。その過程では反対意見も噴出し、論争が繰り広げられましたが、54年に保安庁は防衛庁となり（2007年から防衛省に格上げ）、保安隊から移行した陸上自衛隊、警備隊から移行した海上自衛隊に新設の航空自衛隊を加え、自衛隊が発足したのです。

押さえておこう

③講和条約
第二次世界大戦後の1951年に交わされた平和条約。この条約の発効により連合国による占領は終わり、日本は主権を回復した。ソ連やポーランドは出席したものの調印はせず、中国、台湾、韓国は招待されなかった。

「警察予備隊」と「保安隊」

1950年 警察予備隊

1950年8月10日にGHQのポツダム政令のひとつである「警察予備隊令」により設置された。日本の平和と秩序を維持し、公共の福祉を保障するため、国家地方警察及び自治体警察の警察力を補う目的だった。その活動は警察の任務の範囲に限られるべきものであると定められていたが、実質的には対反乱作戦を遂行するための準軍事組織もしくは軍隊であり、装備はM1ガーランド小銃、戦車など重武装だった。総理府の外局扱いとされ、警察とは独立して内閣総理大臣の指揮を受けた。同時期に存在した「警視庁予備隊」とは別のもの。

1952年 保安隊

保安庁に警備隊とともに置かれた日本における国内保安のための武装部隊で、1952年10月15日に警察予備隊を改編して発足。また、警察予備隊令に明記されていた「警察力の不足を補う」という文言がなくなり、独自の保安機関であることが明確化された。現在の陸上自衛隊の前身となる。

1954年 自衛隊

他国からの直接・間接侵略に対し、日本を防衛することを主たる任務として設置され、現在に至る。公共の秩序の維持も任務としており、人命救助や災害への対応、また国際平和協力活動も副次的任務としている。

10 東西冷戦、朝鮮戦争時と比べ、世界は劇的に変化した

ココがわからない!!

米ソのパワーバランスが崩れてポスト冷戦の世界はどうなった?

自衛隊の源流である警察予備隊が創設されたきっかけが朝鮮戦争の勃発であり、世界がアメリカ陣営の西側諸国とソ連陣営の東側諸国に分かれて対立する構図によって朝鮮戦争がもたらされたことは、前項で述べた通りです。

第二次大戦後の国際社会において、①**超大国**となったアメリカとソ連が直接に戦わずして牽制し合う〝東西冷戦〟の構造は、およそ半世紀の長きにわたって世界を支配しましたが、1989年12月に実現した両国首脳の会談をもって冷戦に終止符が打たれました。

しかし、冷戦が終結したからといって、世界に平和が訪れたわけではありま

---

①超大国
世界全体に対し、政治的にも経済的にも大きな影響力を及ぼす国家のこと。冷戦時代はアメリカとソ連のことを指していたが、終結後はアメリカが唯一の超大国とされた。第二次世界大戦前はイギリスも超大国に定義されていた。

せん。むしろ、覇権を争う2つの超大国の対立という抑止力が働かなくなったために、世界を取り巻く事態は悪化したとさえいえるほどです。

冷戦終結の一方の立役者となったのは、ソ連のミハイル・ゴルバチョフ書記長でした。85年に就任したゴルバチョフ書記長が自由化政策を打ち出したことで東西融和の気運が生まれたのです。ところが、改革が飛躍的に進展したことで、皮肉にも連邦の解体を招くことになります。結果的に、その後の国際社会はアメリカ一極支配体制の時代を迎えるのです。

88年にソ連が東ヨーロッパ諸国に対して連帯を強要する姿勢を撤回し、それぞれの自主独立を容認すると、翌89年から堰《せき》を切ったように変革の嵐が起こりました。東欧諸国はことごとく社会主義を放棄し、東西に分裂していたドイツは統合されました。バルト3国（リトアニア、エストニア、ラトビア）が相次いでソ連からの脱退を宣言し、これが導因となってソ連は91年に崩壊。やはり多民族の連邦国家だったユーゴスラビアでも内戦が起き、分裂へと繋がりました。こうした民族自立を求める動きは東欧だけにとどまらず、世界各地へ波及しました。

アメリカとソ連が牽制し合うことで保たれていた微妙なパワーバランスが一気に崩れ、国際社会が混迷の度合いを強めるなか、唯一の超大国となったアメリカは〝世界の警察〟を自認して、軍事力を盾に各地の民族紛争や地域紛争に介入するようになりました。

押さえておこう

イラクのクウェート侵攻に端を発する91年の湾岸戦争では、アメリカは②**多国籍軍**を主導してイラクを開戦から１００時間で制圧。世界の覇権を掌握したとばかりに怖いものなしの態度を示しました。もちろん一国が振りかざす〝正義〟が、全世界の価値観に合致するわけではありません。強権を振るうアメリカに対する反発が、中東やアフリカ、アジアなどで高まっていきました。

そうした潜在的な反米感情が表面化した最も端的な例が、２００１年9月11日に発生した〝アメリカ同時多発テロ事件〟だと言えます。ただちにアメリカはイスラム過激派アルカイダがテロを実行したと断定して、同組織と関係が深い③**タリバン政権**の掃討のためアフガニスタンを空爆。さらに、宿敵イラクがテロに関与したのではないかと疑いの目を向け、03年には対イラク戦争に踏み切ったのです。

以上のような一連の流れは、アメリカと協力体制を敷く日本にも当然、強く影響を及ぼしました。湾岸戦争を契機に、アメリカを主体とする国際社会に協力を求められて自衛隊が海外へ派遣されるようになり、憲法9条と自衛隊のあり方を問う論争が再燃したのです。

押さえておこう

②多国籍軍
武力行使容認の決議に応じて国連安保理が呼びかけ、複数の国が自主的に兵員を派遣して編成する国際軍。

③タリバン政権
ソ連がアフガニスタンに侵攻したとき、長年続いた内戦で生まれた武装勢力が政権化。共産主義政権だったアフガニスタンを倒したイスラム教徒のムジャーヒディーンと呼ばれる戦士たちが内輪もめを起こしたために、現地は無法状態に陥った。イスラム教の教えに基づき、治安と秩序回復のために神学校で神学的あるいは軍事的に教育と訓練を受けた生徒たちがこれを制圧し、政権を打ち立てた。

自衛隊、海外派遣の歩み

橋本内閣	1998年	6月	改正PKO協力法成立。
小渕内閣	1999年	5月	周辺事態に際して我が国の平和及び安全を確保するための措置に関する法律(周辺事態法)、防衛指針法(日米新ガイドライン法)成立。
小泉内閣	2001年	10月	アフガニスタン紛争が始まる。 テロ対策特別措置法成立。
		12月	九州南西海域不審船事件発生。
	2003年	3月	イラク戦争が始まる。
		7月	イラクにおける人道復興支援活動及び安全確保支援活動の実施に関する特別措置法(イラク復興特別措置法)成立。
第一次安倍内閣	2006年	12月	防衛庁から防衛省へ昇格し、海外派遣を本来任務とする改正防衛省設置法･自衛隊法成立。
	2007年	1月	防衛庁が防衛省となる。
福田内閣		11月	テロ対策特別措置法が失効。
	2008年	1月	テロ対策海上阻止活動に対する補給支援活動の実施に関する特別措置法(新テロ特別措置法)が成立し、補給活動を再開。
麻生内閣	2009年	6月	海賊行為の処罰及び海賊行為への対処に関する法律(海賊処罰対処法･海賊対処法)成立。
		7月	イラク復興特別措置法が失効。
鳩山内閣	2010年	1月	新テロ特別措置法が失効。

11 地域紛争やテロなど憲法制定当時は「想定外」だった

ココがわからない!!

現行憲法では今の時代に合わないといわれるのはなぜ？

前述のとおり、東西冷戦終結後の世界は、混迷の一途を辿っています。地域紛争が絶えず、大規模なテロ事件さえ起きるようになった国際社会の現状は、1946年の憲法制定時には当然、まったく想定されていませんでした。

そのためもあって、当時のまま一度も改定されていない憲法9条は、時代に即さず形骸化《けいがいか》しているとの批判をしばしば受けます。極端な例を挙げれば、国際的テロ組織「①ISIL《アイシル》」に②**海外で邦人2名が身柄を拘束される事件**が起きても、憲法9条の規定によって自衛隊を出動させられず、それがために彼らを見殺しにする結果になったではないか、との非難の声も上がりました（ただし、

①ISIL
32ページ脚注参照。

②海外で邦人2名が身柄を拘束される事件
シリアのアレッポで、2名の日本人が過激派組織「ISIL」とみられる武装集団に拘束された事件。身代金の要求に加えて、ISILに関係のある死刑囚の釈放を要求する犯行声明が出された後、2名とも殺害された。

自衛隊を人質救出に向かわせることが事件を穏便に解決する有効な手段たり得たかといえば、それはまた別の問題になるでしょう）。

当初の理念と現実の間で広がり続ける〝想定外〟

憲法制定当初は9条によって戦争を完全に放棄したものとしていた政府見解が、時を経るにつれて微妙に変化してきた経緯からも、非武装平和主義を大々的に掲げた9条の理想と現実が乖離《かいり》し、いわば憲法が想定していない事態が拡大しているように見受けられます。「ＩＳＩＬ」による邦人人質事件では③**自衛隊が救出**に送り込まれませんでしたが、91年の湾岸戦争を契機に、自衛隊が「国際貢献」のため海外へ事実上の「派兵」とも受け取れる形で「派遣」されるようになりました。

朝鮮戦争勃発にともなって設置された「警察予備隊」が「自衛隊」へと発展し、現在へと至る過程で憲法に改定を加えないまま、国際情勢の変化に〝場当たり的〟な対応を重ねてきたのですから、当初の理想論であった非武装平和主義と現実との間に生じた誤差が膨らんでいくのも無理なからぬことでしょう。一方で、いまだに自衛隊の違憲性を主張する声も一部では根強く残っています。

だから、現状に即して憲法9条を改定すべきなのか。それとも、あえて非武装平和主義の理念に立ち返るべきなのか。そこで大きく意見が分かれるのです。

押さえておこう

③自衛隊が救出
自衛隊法で定められている交戦権の規定については曖昧が指摘されており、自衛隊は敵に襲われ、武器使用の可能性がある救出活動への参加ができない。

これまでに交わされた平和に関する国際規約

採択年	おもな条約
1856	海上法の要義を確定する宣言（パリ宣言）
1864	第1回赤十字条約(戦場での負傷軍人の扱い)
1868	セント・ピータースブルグ宣言(400g以下のさく裂弾及び焼夷弾の禁止)
1899	第1回ハーグ平和会議の諸条約 (陸戦の法規慣例に関する条約第2条約3宣言)
1906	第2回赤十字条約
1907	第2回ハーグ平和会議の諸条約(開戦に関する条約等12 条約)
1919	国際連盟規約
1925	毒ガス及び細菌戦の禁止に関する議定書
1928	パリ不戦条約(戦争放棄に関する条約)
1945	国際連合憲章
1949	ジュネーブ諸条約(捕虜の待遇に関する条約等4条約)
1954	文化財の保護のための条約
1971	生物兵器禁止条約(細菌兵器(生物兵器)及び毒素兵器の開発、 生産及び貯蔵の禁止並びに廃棄に関する条約)
1980	特定通常兵器の使用禁止又は制限に関する条約
1982	国連海洋法条約

1914～18
第一次世界大戦

1939～45
第二次世界大戦

第1部
第3章

平和憲法をもっているのは日本だけなの？

12 平和をうたう憲法を有する国は世界中に多く存在する

ココがわからない!!

各国の憲法は平和のためのものなの？

平和をうたう国際規約（70ページ参照）を振り返ってみると、①**第一次世界大戦**の前から国際条約やさまざまな国の憲法がありました。それでも最初の世界大戦を防げず、その反省から1919年に国際連盟規約が結ばれ、さらに1928年になると、多くの国が通称②**パリ不戦条約**と呼ばれる『戦争放棄に関する条約』を締結。しかしそれでも、第二次世界大戦は防げませんでした。

1945年に設立した国際連合はさらに踏み込み、その憲章で「すべての加盟国は、その国際紛争を平和的手段によって国際の平和及び安全並びに正義を危うくしないように解決しなければならない」（第2条第3項）と明記してい

①第一次世界大戦
1914年から1918年にかけて起こった人類史上最初の世界大戦。ヨーロッパが主戦場となったが、戦闘はアフリカ、中東、東アジア、太平洋、大西洋、インド洋にもおよび、世界の多数の国が参戦した。日本はこの大戦で、ドイツの統治下にあった南洋群島などを得た。

②パリ不戦条約
49ページ脚注参照。

ます。さらに1982年には③国連海洋法条約が採択され、その中で「平和的手段によって紛争を解決する義務」（第279条）が定められました。そして今では「紛争の平和的解決義務は、国際慣習法上の原則ないし普遍的義務」というのが、常識となっているのです。このように平和主義は、日本の憲法9条だけの専売特許というものではないことがわかるでしょう。

✤ ほとんどの国が平和主義条項を保持

次に世界の国々ではどんな平和主義条項が記されているのか、主なところを見ていくことにしましょう。まずは「平和政策の推進（平和を国家の目標に設定している国も含む）」をしている国々。ギリシャやエジプトなどが採用していることで知られています。次に国連憲章、世界人権宣言等の遵守を含む「国際協和」をうたっている国々。ハンガリー、ポルトガル、ルーマニアなどがこれを掲げています。さらに「内政不干渉」や「非同盟政策」も唱えています。そしてスイスやオーストリア、カザフスタンなどは「永世中立」国家として知られています。また日本と同じように「国際紛争を解決するための手段としての戦争放棄」を記しているのがイタリアやハンガリー、エクアドルなどです。

平和主義条項を憲法に導入している国家は、④成文憲法を保有する188カ国のうち、84％にも及ぶ158カ国に上ります。それらの国でも一部を除く大

押さえておこう

③国連海洋法条約
領海および接続水域、国際海峡、群島水域、排他的経済水域、大陸棚、公海、島、閉鎖海および半閉鎖海、内陸国の海洋への出入りの権利、深海底、海洋環境保護・保全、海洋科学調査、海洋科学技術という海洋法に関する包括的な条約のこと。

④成文憲法
文章に表された「成文法」の形式をとる憲法。現在は独立国のほとんどが成文憲法を有しているが、イギリスは不文憲法である。

多数が、憲法に軍隊に関する規定を置いています。とくに日本国憲法の第9条と同様の規定を持つイタリアやアゼルバイジャン、エクアドルは、軍備条項を設けており、いずれも徴兵制の規定すらあるのです。ということで、世界的には平和主義条項と軍備条項は、必ずしも相反するものではないというのが一般的なのです。また、戦力の不保持を憲法に規定している国としては中米のパナマとコスタリカがあり、常備軍の不保持を明記しています。しかしあくまでも〝自衛以外の常備軍〟のことで、自国が巻き込まれる有事が発生した際には、両国とも軍隊を編制することができるとしています。

文言の解釈だけでは限界がある

憲法9条は第1項で「日本国民は、正義と秩序を基調とする国際平和を誠実に希求し、国権の発動たる戦争と、武力による威嚇又は武力の行使は、国際紛争を解決する手段としては、永久にこれを放棄する」とうたい、第2項では「前項の目的を達するため、陸海空軍その他の戦力は、これを保持しない。国の交戦権は、これを認めない」としています。つまり第1項の目的のためには戦力を持たないし、交戦権も発動しないということです。しかし自衛のための戦力は、第1項には当たらないとしています。他の平和主義条項を持つ国と同じように、軍の規定を明記する必要があるか、まさに論議の分かれるところです。

押さえておこう

各国が掲げる平和憲法

スペイン （1931年） （1945年失効）	**第6条**　スペインは国家的政策の手段としての戦争を放棄する。
フィリピン （1935年）	**第３条**　フィリピンは、国策遂行の手段としての戦争を放棄し、一般に受諾された国際法の諸原則を国内法の一部として採用する。
ドイツ （1945年）	**第26条**　諸国民の平和的共同生活を妨害するおそれがあり、かつ、このような意図でなされた行為、とくに侵略戦争の遂行を準備する行為は、違憲である。このような行為は処罰されるべきものとする。
フランス （1946年） （1958年失効）	**前文第14項**　フランス共和国は、征服を目ざしていかなる戦争も企てず、また、いかなる国民の自由に対しても絶対にその武力を行使しない。
イタリア （1947年）	**第11条**　イタリア国は、他国民の自由を侵害する手段として、および国際紛争を解決する方法として、戦争を否認し、他国と互いに均しい条件の下に、諸国家の間に平和と正義とを確保する……。
ビルマ （1947年） 〔現：ミャンマー〕	**第211条**　ビルマ連邦は、国策遂行の手段としての戦争を放棄し、外国との関係を処理する行為の準則として一般に承認された国際法の原則を承認する。
韓国 （1948年）	**第4条**　大韓民国は国際平和の維持に努力し、侵略的戦争を否認する。
コスタリカ （1949年）	**第12条**　常設の制度としての軍隊は、これを禁止する……。大陸協定によってのみまたは国民の防衛のためにのみ、軍隊を組織しうる。……軍隊は……示威行動をし、あるいは宣言を発してはならない。
オーストリア （1955年）	**第１条**　オーストリアはその対外的な独立性を絶えず維持する目的のために、およびその領域を侵害されない目的のために、自由意志に基づいてその永続的な中立を宣言する……。 ②オーストリアは、この目的を確保するために、あらゆる将来において、いかなる軍事的な同盟にも加わらないし、自己の領土内に外国の軍事基地を設けることも認めないものとする。
ブラジル （1981年）	**第88条**　直接にせよ、間接にせよ、単独にせよ、他国と同盟してにせよ、すべて征服の戦争には参加しない。

13 条文は改正せずに新たな修正文を付け加えるアメリカ合衆国憲法

ココがわからない!!

〝自由の国〟アメリカの憲法は〝自由に〟変えられるの？

日本でも、憲法改正の是非について議論する風潮が生まれてきましたが、本格的な改正に関しては慎重な意見が目立つようです。

明治22年（1889）に発布され、翌年11月3日に施行された「大日本帝国憲法」も、現行の憲法に変わるまで一度も改正されなかったことを考えると、国家の根本にかかわる条項を大きく変えることに、慎重な国民性なのだと思われます。現在の「日本国憲法」も、昭和22年（1947）に施行されてから70年近くになりますが、一度も改正されずに今に至っています。

憲法改正というのは、読んで字のごとく「①**成文憲法**の条文を修正、追加、

---

①成文憲法
73ページ脚注参照。

もしくは削除すること」です。改憲とも呼ばれていますが、日本人はとにかく改憲に対するアレルギーが強いことが伺い知れます。

“変えるべきは加える”がアメリカ式

少し意外かもしれませんが、自由の国と称されるアメリカは、憲法改正のハードルが高い国です。

「アメリカ合衆国憲法」は1787年9月17日に作成され、その翌年に発効した世界最古の近代的な成文憲法です。成文憲法というのは、権限を有する機関により文字で表記される形で制定された法のことです。アメリカ合衆国は、連邦制を構成している各州もそれぞれが独自の法律を有しています。

このアメリカ合衆国憲法は「②**硬性憲法**」なのです。これはどういうものかといえば、憲法改正の困難さで各国の憲法を比べた場合、困難なほうに属しているることを指しているのです。逆に容易なほうに分類されるのは「③**軟性憲法**」と呼ばれています。日本国憲法はアメリカと同じく硬性憲法に入ります。

アメリカ合衆国憲法は前文、本文、修正条項の大きく3つの部分からできています。少しややこしいのですが、アメリカ合衆国憲法の場合、「条」というのは日本国憲法の「章」に当たり、条はいくつかの「節」に分かれ、その下にさらに「項」があります。

押さえておこう

②硬性憲法
改正するにあたって通常の立法手続よりも厳格な手続が必要な憲法。現在のほとんどすべての成文憲法がこれにあたる。

③軟性憲法
通常の法律と同じ手続きで改正できる憲法。成文憲法典をもたないイギリスの憲法がこれに属するとされるが、他に例はほとんど無い。

特徴的なのは、もとの規定を直接改正変更するのではなく、従来の規定を残したまま、修正内容を修正条項としてそれまでの憲法典の末尾に付け足していくということでしょう。修正条項は現在27あり、順次「第1修正」、「第2修正」と番号が付されていきます。そのため修正前と付け足された修正との両方を読み解くことが必要となるのです。

✿ その時代に即応できる修正を加えていく合衆国憲法

修正に関する規定は合衆国憲法第5条で定められています。それは左ページのとおり。

日本の憲法はよく、改正するのに高いハードルが設けられているといわれますが（④**第96条**＝国会議員の3分の2で発議、国民の過半数で成立）、この条文を読む限り、アメリカの憲法も容易には改正できません。ただ時代に即した修正は可能な「生きた憲法」ともいわれています。ちなみに修正を加えられた条項には、奴隷制の禁止を唱えた「修正第13条」、解放された元奴隷の権利確保を意図した「修正第14条」、女性の参政権を唱えた「修正第19条」いわゆる禁酒法として知られる「修正第18条」と、さらにその禁酒法を禁じた「修正第21条」などがあります。

押さえておこう

④第96条
42ページ脚注参照。

アメリカ合衆国憲法第5条

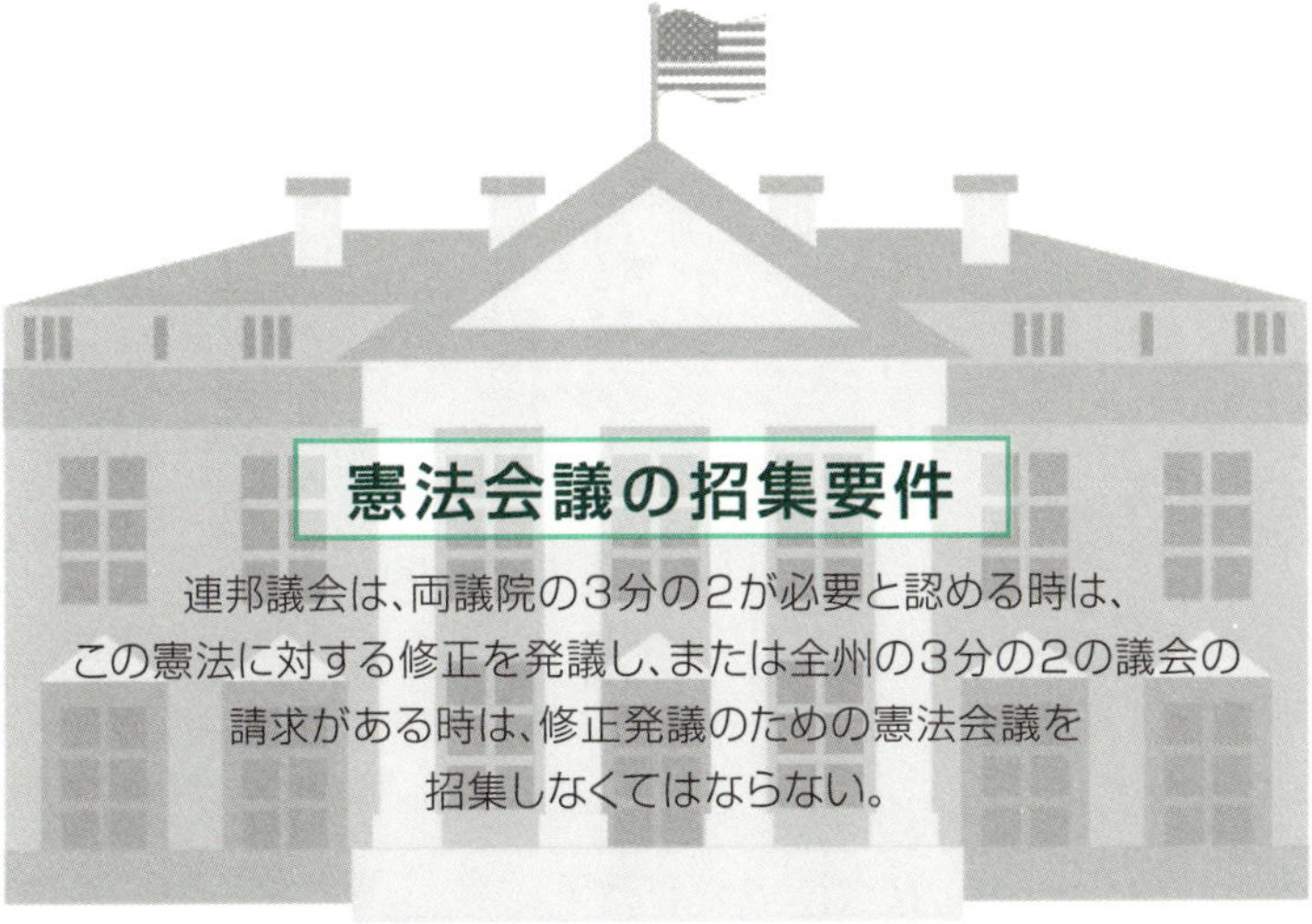

憲法会議の招集要件

連邦議会は、両議院の3分の2が必要と認める時は、
この憲法に対する修正を発議し、または全州の3分の2の議会の
請求がある時は、修正発議のための憲法会議を
招集しなくてはならない。

修正条項の承認条件

いずれの場合でも、修正は全州の4分の3の議会によって承認されるか、
または4分の3の州における憲法会議によって承認される時は、
あらゆる意味において、この憲法の一部として効力を有する。
いずれの承認方法を採るかは、連邦議会が提案することができる。

ただし1808年以前に行われた修正によって、第1条第9節第1項および第4項の規定に変更を及ぼすことはできない。また、いずれの州もその同意なくして、上院における平等投票権を奪われることはない

14
先進国のなかで改正の回数が多い ドイツでは根幹部分は維持

ココがわからない!!

同じ敗戦国でも なぜドイツは改正できる?

１９４５年４月30日、ナチス・ドイツ総統①**アドルフ・ヒトラー**が総統官邸の地下壕で自殺。５月７日には連合国に無条件降伏します。そしてドイツは戦勝国のアメリカ、イギリス、フランス、ソ連の４カ国によって分割占領されることになりました。その後、アメリカやイギリスなどの資本主義陣営は、共産主義国ソ連との対立を深めていきます。そこで資本主義陣営が占領する西側地区にドイツ・マルクを導入し、さらに各州の首相を招集し憲法を制定。こうして１９４９年５月23日、ドイツ連邦共和国（西ドイツ）が誕生したのです。一方、ソ連が占領していた東側地区でも通貨改革や憲法制定が行われ、同じ年の

①アドルフ・ヒトラー
指導者原理に基づく党と指導者による独裁指導体制を築いた、独裁者の典型とされるドイツの政治家。ナチスの党首で第二次世界大戦時にドイツを率いた。ユダヤ人虐殺でも知られる。

10月７日にドイツ民主共和国（東ドイツ）が成立しました。

東西再統一を念頭に必要不可欠な規定を定めた基本法

西ドイツで制定された基本法は、前文と11章１４６条からなっていました。ナチスの政権掌握を許した１９１９年に施行された②ワイマール憲法と、ナチス・ドイツが犯した罪への強い反省が込められています。それは第１条で「人間の尊厳の不可侵」を明記、第20条で「ドイツは国民に主権がある民主国家である」ことを掲げていることからも、一目瞭然でしょう。

国の最高法規を「憲法」とせず「基本法」と称したのは、制定時から東ドイツとの再統一が前提となっていたからです。つまり「基本法」は統一までの暫定的な法規と位置づけられていました。このことは、第23条「同基本法は差し当たり、西ドイツ地区のみで有効とする。東ドイツ地区でも、西ドイツへの編入後、効力を発する」および第１４６条「ドイツ国民が自由な決定で新憲法を成立させた場合、同基本法は効力を失う」から伺えます。

そして統一後は第23条で示していたとおり、東ドイツが西ドイツに編入される形で行われました。それは統一直前に東ドイツで行われた、初めての自由投票において国民が選んだ方法だったのです。統一ドイツの国家名「ドイツ連邦共和国」などと同様、基本法もこうして統一ドイツの憲法として名称もそのま

押さえておこう

②ワイマール憲法
第一次世界大戦で敗北したドイツ帝国の帝政が崩壊した後、ドイツ共和国で制定された憲法。国民主権、男女平等の普通選挙の承認、生存権の保障などを規定した、20世紀の民主主義憲法の典型とされているが、後にナチスが政権を掌握し消滅。

まに引き継がれました。本来は東西ドイツが統一した際、改めて憲法を制定する予定だったのですが、1990年の東西統一後も新しい憲法は制定されず、ドイツ連邦共和国基本法の一部を改正した状態が続いています。

回数自体は多くとも大改正は少ない

事実上、西ドイツの憲法として適用されていた基本法は、西ドイツ時代だけで35回改正されています。それは単一の条文のみの改正から複数の条文にわたる改正まで、内容は多様でした。そのなかでもとくに大きい改正は、1956年3月19日に行われた「再軍備のための改正」、1968年6月24日の「緊急事態条項の追加のための改正」で、これらは西ドイツ政治の大きな転換点でした。

さらに東西再統一後にも、基本法は2014年までに24回改正されています。大規模な改正としては1990年9月23日の「東西ドイツ再統一による改正」、2006年8月28日の「連邦の首都を憲法上に明文化する改正」、2009年7月29日の③EU法で認められた航空交通行政に関する規定や、連邦と州に関するいくつかの規定を追加したものが挙げられます。

ドイツの憲法改正回数が多い背景には、もともと基本的なことを定めてあるだけなので、時代の変化に合わせた技術的事項の変更があったからです。他方、基本的人権の保障などの憲法の根幹はほとんど変わっていません。

押さえておこう

③EU法
EU加盟各国の法律と平行して執行される法体系。各加盟国の法にも作用し、特に経済政策、社会政策に関しては国内法に優先される場合もある。世界で最も包括的な近代法体系のひとつである。

ヒトラー政権以降のドイツの歴代首相

ナチス・ドイツ

アドルフ・ヒトラー	1933年 1月30日～1945年 4月30日
パウル・ヨーゼフ・ゲッベルス	1945年 4月30日～1945年 5月 1日
ルートヴィヒ・シュヴェリン・フォン・クロージク	1945年 5月 1日～1945年 5月23日

ドイツ民主共和国（東ドイツ）

オットー・グローテヴォール	1949年10月12日～1964年 9月21日
ヴィリー・シュトフ	1964年 9月24日～1973年10月 3日
ホルスト・ジンダーマン	1973年10月 3日～1976年10月29日
ヴィリー・シュトフ	1976年10月29日～1989年11月 7日
ハンス・モドロウ	1989年11月13日～1990年 4月12日
ロタール・デメジエール	1990年 4月12日～1990年10月 3日

ドイツ連邦共和国（西ドイツ→統一ドイツ）

コンラート・アデナウアー	1949年 9月15日～1963年10月16日
ルートヴィヒ・エアハルト	1963年10月16日～1966年12月 1日
クルト・ゲオルク・キージンガー	1966年12月 1日～1969年10月21日
ヴィリー・ブラント	1969年10月21日～1974年 5月 7日
ヘルムート・シュミット	1974年 5月16日～1982年10月 1日
ヘルムート・コール	1982年10月 1日～1998年10月27日
ゲアハルト・シュレーダー	1998年10月27日～2005年11月22日
アンゲラ・メルケル	2005年11月22日～現在

15 日本国憲法の改正手続きはハードルが高すぎるのだろうか

ココがわからない!!

日本の憲法を改正することはむずかしい?

日本国憲法の改正の手続きに関しては、第一次安倍内閣のときに話題になった第96条に記されています。それによると「衆参両議院の総議員の3分の2以上の賛成」により国会で発議され、国民投票において「①**その過半数の賛成**」が得られて成立します。ところが、具体的な手続きについては憲法上規定されておらず、改正を実現するためには、法律によって国民投票などに関する規定を具体的に定める必要があると考えられたのです。２００７年4月12日、衆議院憲法調査特別委員会で与党提出修正案が自民・公明の賛成多数で可決されました。そして２０１０年5月18日に施行されました。

---

①その過半数の賛成
２００７年制定の国民投票法では投票総数の過半数の賛成と定められている。投票率が低かった場合、その結果に正当性を認めるべきか否かについて議論の余地を残している。

そもそも、現行憲法の改正要件については「厳しすぎる」という意見と「必ずしもハードルは高くない」という意見が錯綜しています。先進諸国で構成されている②OECD34カ国の憲法で比べてみるとどうでしょう。日本と同じように二院制を採用していて、どんな条項でも必ず国民投票を経なければならない規定を有しているのはオーストラリア、アイルランド、スイスの3カ国だけです。ただしこれら3カ国は、いずれも国会による国民への発議要件が国会の過半数となっています。国民投票という高いハードルを設けている分、国会では過半数の議決で発議できるようにしているわけです。

日本が改正するための条件

フランスの場合、基本的に二院制の国会による過半数の議決ののち、国民投票による過半数の承認で憲法改正が成立します。ただしフランスは大統領の権限が強く、政府が提出した改正案について大統領が国会を両院合同会議として召集し、ここで改正案を審議する場合には国民投票は行われません。国会の5分の3の賛成が得られれば、改正が成立することになっています。

アメリカの場合は上院と下院でそれぞれ3分の2以上の賛成、さらに全州の4分の3以上の賛成が必要となっています。これなどは日本よりも厳しく設定されているようにも思えます。しかし上院と下院の3分の2とは「総議員数」

押さえておこう

②OECD
経済協力開発機構。ヨーロッパ諸国を中心に日・米を含め34カ国の先進国が加盟する国際機関。1961年に発足(日本は1964年に加盟)。国際マクロ経済動向、貿易、開発援助といった分野に加え、最近では持続可能な開発、ガバナンスといった新たな分野についても加盟国間の分析・検討を行っている。

ではなく「定足数」なのです。この定足数というのは「各議院の過半数」とされているので、実際は「過半数の3分の2」、総議員で見れば3分の1プラス一人で発議できるようになっています。しかも国民投票は行われません。

ベルギーも国民投票は行われません。憲法改正の宣言を③**二院制**の連邦議会が宣言した後、両議院は解散・総選挙を行います。そして成立した次の国会で、両議院の3分の2以上の多数で可決すれば改正が可能となります。オランダも総選挙を挟みます。まず下院が改正案を議決。下院で改正案が過半数を超えた議決が下された後に解散されます。そして解散・総選挙後の国会で、両院の3分の2の賛成があれば、改正は成立します。

GHQの意思が作用している日本国憲法の改正条件

ごく一例を挙げただけでも、日本国憲法は諸外国と比べると改正に厳しい条件が定められていることがわかります。なぜならそれはGHQが自分たちの作った憲法を、簡単に改正することができないようにしたからです。

憲法を頻繁に改正していては民主主義が定着しません。GHQはそう考えたのでしょう。確かにそれも間違いではありませんが、戦後70年が経過し日本は民主主義が十分に定着したと思われます。世界情勢も大きく変化してきているので、主権者たる国民の意思を反映しやすくすることも考えたいところです。

押さえておこう

③二院制
「立法府」が、独立して活動する2つの「議会」ないし「議院」によって構成される政治制度のこと。

自民党の「憲法を考える昭和の会」発起人、世話人の初会合　1980年（読売新聞社 / アフロ）

写真上
東京都内で行われた超党派による改憲推進大会で講演する中曽根康弘元首相　2015年（AP/ アフロ）

写真左
自民党の憲法改正推進本部であいさつする
保利耕輔本部長　自民党本部で
2013年（読売新聞社 / アフロ）

16

成立の過程からして多くの問題を孕《はら》んでいる日本国憲法

ココがわからない!!

日本国憲法は〝翻訳憲法〟だってホント？

昔からいわれてきた「①**憲法無効論**」は、現行の「日本国憲法」はその成立の過程に重大な瑕疵《かし》があるため無効であるというものと、日本国が諸外国と平和条約を締結したため自動失効した、とするふたつの主張を合わせたものです。

そもそも日本国憲法の作者はＧＨＱという軍事組織でした。草案は英語で書かれています。日本国憲法は他国の言語で書かれたものを訳して成立した、極めて珍しい憲法なのです。そのため英語で書かれた原文をどう解釈するか、それがしばしば議論となる部分です。

しかも憲法が成立したのは１９４７年のこと。その当時、日本には主権があ

---

①憲法無効論
日本国憲法の制憲過程に重大な瑕疵があり無効であるとするもののこと。もしくは日本国との平和条約締結にともない、自動失効しているとするものの総称を指す。

りませんでした。まだ連合国との戦争状態は終了していなかったので、武力で脅されている状態ともいえたのです。こうした点から見ると、日本国憲法は、②ハーグ陸戦条約にも違反しています。そこには「占領軍は他国の憲法に介入することはできない」という決まりがあるからです。しかし日本国憲法は占領軍が英語で作ったのです。

✿ 大日本帝国憲法の条文を入れ替えて成立

問題になる点はまだあります。憲法が制定されたとき、そもそもそうした発想もなかったため国民投票は行われていません。武力で占領されていたうえ、占領軍たるアメリカに半ば脅されていた時代の国会で、通常の法律同様の手続きで可決しただけでした。24ページの年表にも示したとおり、１９４６年４月と１９４７年４月に総選挙が行われてはいますが、厳密な意味では国民の信を得たことのない憲法ともいえるのです。国民的な議論は有効的なものとしては皆無で、憲法の原型はＧＨＱがたったの８日間で作ったものでした。

そして最大の問題が「大日本帝国憲法の改正手続きを利用して作られたのが日本国憲法だ」という点です。日本国憲法の成立は、大日本帝国憲法第73条の改正手続きを援用して、ほぼ全文を入れ替えてしまったのです。もはや「改正が許容される限界を超えているのではないだろうか」。これも日本国憲法は無

押さえておこう

②ハーグ陸戦条約
１８９９年に制定された、戦争や戦闘について規定した条約。戦闘行為をあくまで「戦争に勝つ為の手段」とし、殺害を目的とするような殺戮行為のほか、一方的な権利の主張、相手に制限を課すことなどを禁じている。

効だといわれる大きな理由のひとつです。

こうした成り立ちや制度の問題だけにとどまらず、その内容にも多くの問題が含まれています。本書で論じられている9条は、その中でももっとも目立つものですが、ほかにも数々の問題点を含んでいます。そうした指摘は以前から繰り返されてきましたが、手がつけられることなく今に至っています。

実情にそぐわないものも多いので見直しは必然

ここからは現行憲法の矛盾について、少し細かな部分にも触れておきましょう。まず最高裁についてです。近代民主主義では立法、司法、行政の三権[3]が、お互いの権力を牽制しあう仕組みをもっています。もちろん日本でも裁判所は国会が作った法律に関して、それが違憲か判断をすることができます。しかし違憲かどうかを判断する権利はありますが、判断をする義務はないのです。

学校などへの助成金も、違憲なのではないかといわれています。日本では私立の高校や外国人学校、福祉団体、NPOなどにも補助金が出されることがあります。しかし憲法89条に「公金その他の公の財産は、宗教上の組織若しくは団体の使用、便益若しくは維持のため、又は公の支配に属しない慈善、教育若しくは博愛の事業に対し、これを支出し、又はその利用に供してはならない」とあります。つまりは慈善団体や教育団体でも税金は投入できない、というこ

③三権
国家権力を立法、行政、司法の3つに分けて、権限を分立させていること。

となのです。

ここで、70年近く前に制定された憲法と現実とが矛盾や乖離《かいり》を孕《はら》んでいるという話で、教育の根幹にかかわるものを一つご紹介します。国民の三大義務のひとつに、親は子どもに教育を受けさせる義務があります。憲法が制定されたばかりのころは、義務化されても子どもを就学させない親がいたことはたしかです。しかし、時代が変わって、今ではそうしたことは④**高校進学率**の高さからみても、ほとんどなくなったといえるでしょう。ところが、この義務を間違った解釈で捉えると、不登校児を追い詰める結果になりかねないのです。憲法26条では、教育を受ける権利（すなわち学習権）と、教育を（親が子どもに）受けさせる義務について記述されています。しかし、こうしたことを考えれば、学ぶ側の権利、つまり教育を受ける権利の条文だけで十分ではないかということにも、議論の必要性があるのかもしれません。

そのほかにも時代にそぐわなくなった条文が多く見られることが各方面から指摘されています。実情に沿った改正を行っていくことは、その時代を生きる人の責務でしょう。憲法9条ばかりが改正点ではないということを、あわせて知っておく必要があるわけです。

押さえておこう

④**高校進学率**
戦後まもない1950年には約43％だった高校進学率は、それ以降右肩上がりに伸び続け1974年には約91％に達する。それ以降も少しずつ伸び続け、2010年には通信教育も含めて98％と、ほぼ全員が進学するようになった。（文部科学省調べ）

第2部

憲法9条と日本の「近未来」を考える

ヤルタ協定

千九百四十五年二月ノ「ヤルタ」会談ニ於テ作成
千九百四十六年二月十一日米国国務省ヨリ発表

三大国即チ「ソヴィエト」連邦、「アメリカ」合衆国及英国ノ指揮者ハ「ドイツ」国カ降伏シ且「ヨーロッパ」ニ於ケル戦争カ終結シタル後二月又ハ三月ヲ経テ「ソヴィエト」連邦カ左ノ条件ニ依リ連合国ニ与シテ日本ニ対スル戦争ニ参加スヘキコトヲ協定セリ

一、外蒙古（蒙古人民共和国）ノ現状ハ維持セラルヘシ

二、千九百四年ノ日本国ノ背信的攻撃ニ依リ侵害セラレタル「ロシア」国ノ旧権利ハ左ノ如ク回復セラルヘシ

（イ）樺太ノ南部及之ニ隣接スル一切ノ島嶼ハ「ソヴィエト」連邦ニ返還セラルヘシ

（ロ）大連商港ニ於ケル「ソヴィエト」連邦ノ優先的利益ハ之ヲ擁護シ該港ハ国際化セラルヘク又「ソヴィエト」社会主義共和国連邦ノ海軍基地トシテノ旅順口ノ租借権ハ回復セラルヘシ

（ハ）東清鉄道及大連ニ出口ヲ供与スル南満洲鉄道ハ中「ソ」合弁会社ノ設立ニ依リ共同ニ運営セラルヘシ但シ「ソヴィエト」連邦ノ優先的利益ハ保障セラレ又中華民国ハ満洲ニ於ケル完全ナル主権ヲ保有スルモノトス

三、千島列島ハ「ソヴィエト」連邦ニ引渡サルヘシ

前記ノ外蒙古並ニ港湾及鉄道ニ関スル協定ハ蔣介石総帥ノ同意ヲ要スルモノトス大統領ハ「スターリン」元帥ヨリノ通知ニ依リ右同意ヲ得ル為措置ヲ執ルモノトス

三大国ノ首班ハ「ソヴィエト」連邦ノ右要求カ日本国ノ敗北シタル後ニ於テ確実ニ満足セシメラルヘキコトヲ協定セリ

「ソヴィエト」連邦ハ中華民国ヲ日本国ノ羈絆ヨリ解放スル目的ヲ以テ自己ノ軍隊ニ依リ之ニ援助ヲ与フル為「ソヴィエト」社会主義共和国連邦中華民国間友好同盟条約ヲ中華民国国民政府ト締結スル用意アルコトヲ表明ス

千九百四十五年二月十一日

（出典：外務省編『日本外交年表並主要文書』下巻　1996年刊）

マスコミ各社の憲法改正に対する世論調査の結果

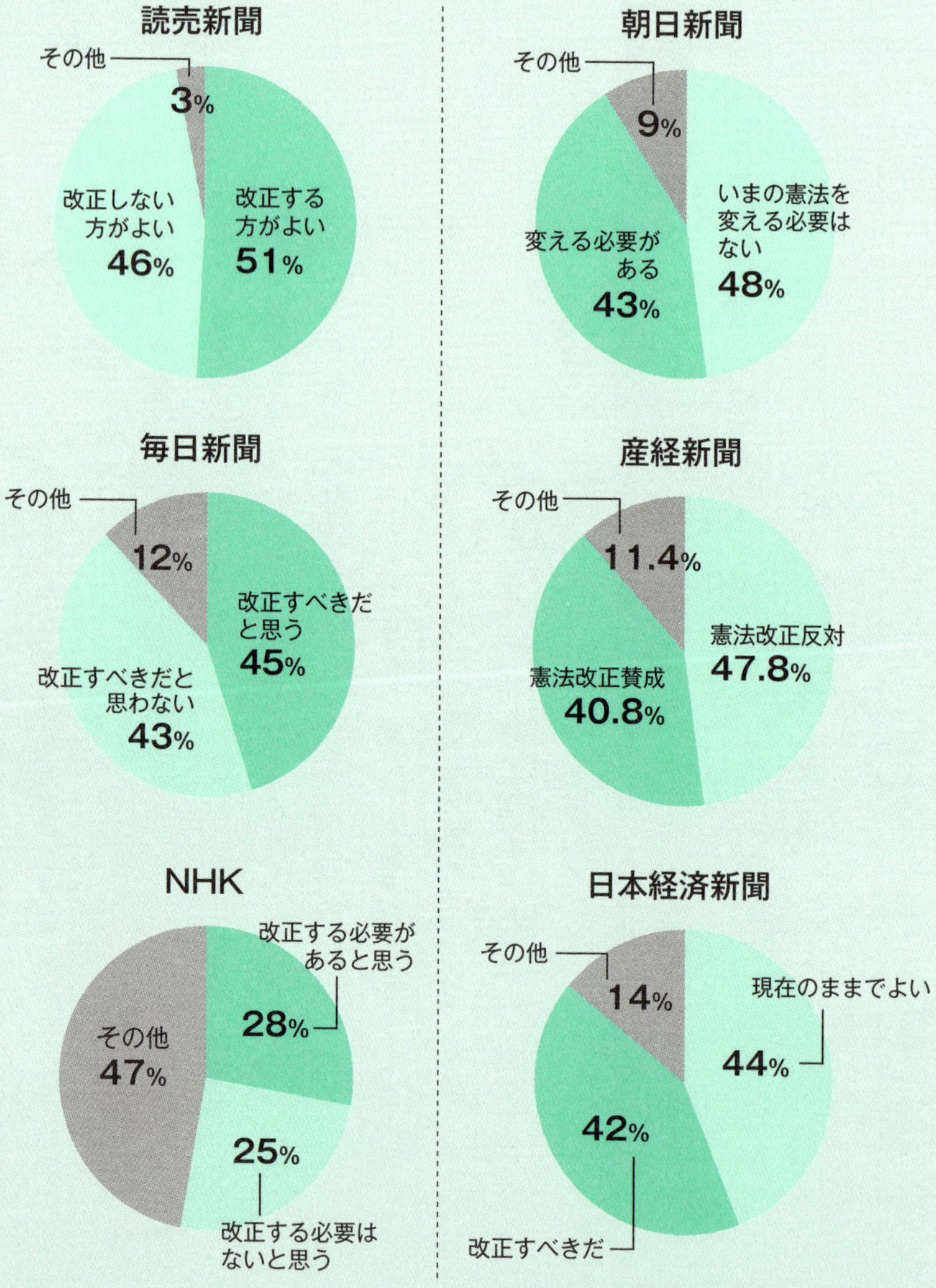

※「改憲賛成」が上回ったとしているのは、読売新聞と毎日新聞、NHK。「改憲反対」が上回ったのは、朝日新聞、産経新聞、日本経済新聞だった。世論調査の場合、設問の文言や設問の仕方が違うと、データに差が生じるのはこれらの調査でも避けられず、それが各紙の結果に反映されているといえるが、いずれも僅差であることに注目したい。（本文31ページ参照）

第2部

第1章

激動の世界
憲法9条を変えると
日本はどうなる？

17 日本の周辺には紛争の火種が山積みされている

ココがわからない!!

紛争の火種は領土問題だけじゃない

戦後70年、日本は戦争を一切行ってきませんでした。この70年間を振り返ってみると、アジア諸国では朝鮮半島の①**朝鮮戦争**をはじめ、インドシナ半島の②**ベトナム戦争**などの戦争が勃発しています。幸いにも日本はこうした戦争に本格的には巻き込まれることなく、平和を謳歌《おうか》してきました。ゆえに、日本人の多くは戦争に対する脅威が薄れ、あたかもこの平和が永遠に続くかのような錯覚に捉われています。しかし、果たして本当に戦争が起こらないのでしょうか。戦争に発展しかねないような火種は、日本周辺に存在しないのでしょうか。

他国との戦争になる原因のひとつに、領土問題があります。自国が保有する、

①朝鮮戦争
１９４８年に成立したばかりの大韓民国（韓国）と朝鮮民主主義人民共和国（北朝鮮）との間で朝鮮半島の主権をめぐって行われた戦争。朝鮮民主主義人民共和国が、国境線と化していた38度線を越えて侵攻した。このことによって勃発した国際紛争だが、裏ではアメリカとソ連の思惑が見え隠れする代理戦争でもあった。

もしくは主張する領土を軍事的に侵略された場合、自衛のため武力によって応戦せざるを得ません。国連などの第三者機関による調停や③国際司法裁判所への提訴も手段としては考えられますが、今の国際社会において領土紛争が平和的に解決されるケースはあまり期待できそうにありません。となると、自国を守る手段として、武力を行使せざるを得ない状況に陥ることも想定されます。

我が国が抱える領土問題とは

我が国における領土問題は存在するか、それはイエスです。記憶に新しいところでは、中国・台湾と領有権を主張し合う④尖閣《せんかく》諸島問題があります。特に、中国とは東シナ海のガス田開発や小笠原諸島での赤サンゴの密漁など、排他的経済水域（ＥＥＺ）を侵害する日中経済水域問題にも発展しています。また、韓国が実効支配する竹島は、一方的に武力によって日本の領土が侵害されたまま現在に至っており、日韓間にも領土問題が存在します。さらに、ロシアとは第二次世界大戦終結直前に侵攻した旧ソ連軍によって奪われた北方四島（歯舞《はぼまい》群島・色丹《しこたん》島・国後《くなしり》島・択捉《えとろふ》島）が返還されないまま、戦後70年経った現在も2国間の領土問題として存在します。これらの領土問題は、お互いの主張を繰り返すばかりで、解決の糸口は依然として摑めないというのが実情なのです。

押さえておこう

②ベトナム戦争
1960〜70年代にかけて独立と統一をめぐり、南北に分裂したベトナムで行われた戦争。冷戦を背景に対立する米ソの代理戦争という側面も強かった。アメリカ軍は南ベトナム軍を支援したが、73年に和平協定が成立。アメリカ軍が撤退した後、南ベトナムは崩壊。76年南北が統一された。

③国際司法裁判所
国家間の法律的紛争を裁判により解決し、国連や専門機関などに勧告的意見を提供する国連の主要司法機関。ただし、現実には強制力はない。

④尖閣諸島
東シナ海の南西部にある島嶼群。日本、台湾、中国がそれぞれ領有権を主張している。日本政府は国際法の先占の法理手順を満たしているため「この領域に領有権問題は存在しない」としている。民主党政権時代の2012年、国有化。これに中国が反発する事態に至った。

✿ 領土問題以外にも存在する脅威

アメリカと同盟関係にある日本は、アメリカ同時多発テロ事件以降、アメリカの軍事作戦を支持し、後方支援の名のもとで軍事物資の補給や戦争終結後の復興活動に取り組みました。直接的な軍事行動は行わなかったものの、アメリカの主張を支持したことによって、それまで良好な関係を築いていた中東諸国との関係に微妙な距離感が生じ、一部のイスラム過激派からは日本もテロのターゲットになり得ると名指しされるようになりました。その結果、ＩＳＩＬに人質の日本人が殺害されるという痛ましい現実にも直面したのです。

また、北朝鮮もアメリカと同盟関係を結ぶ日本を敵視し、露骨に武力による威嚇を仕掛けてきています。北朝鮮による⑤**日本人拉致事件**は、日本人に対する重大な国家犯罪です。拉致された日本人を救出し、二度とこのような暴挙を他国に行わせないようにするためには、どうすればよいのか。小泉政権のとき、金正日《キムジョンイル》総書記と交渉の末にようやく一部の拉致被害者を救出することに成功しましたが、依然多くの拉致された日本人が戻ってきていません。交渉による問題解決の難しさを物語っている出来事といえるでしょう。

押さえておこう

⑤日本人拉致事件
1970~80年代にかけて、北朝鮮の工作員やよど号グループなどにより、多数の日本人が北朝鮮に拉致された事件。北朝鮮は事件への関与について否定し続けてきたが、2002年に平壌にて行われた日朝首脳会談で拉致を認めた。北朝鮮では日本政府が認定する拉致被害者17人のうち13人について拉致を認めている。

米軍が日本の基地を使用した際の極東エリア（従来）

2015年4月の日米防衛協力のための指針（ガイドライン）改定により、この図が示す地理的制約は過去のものとなったが、これを見るかぎり、現在、中国の海洋進出で問題化している南シナ海も、従来から日米両政府が極東の範囲としていたことが見てとれる。

18 憲法9条を変えることで引き起こされる問題

ココがわからない!!

憲法9条が変わると戦争が起こるの?

憲法9条を変えると、どのような問題が起こり得るのでしょうか。これを考えるためには、まず憲法9条をどのように変えるかということを理解しなければなりません。従来の、改憲か護憲かの二極的な対立軸のほかに、最近では論憲（憲法の改正議論はしても可）、加憲（現行憲法に加筆する）、修憲（憲法の一部を修正する）、創憲（新しい日本人による憲法をつくる）など、これまでさまざまな考え方をもつ個人や団体が自らの主張を繰り返してきました。しかし実際には、１９４７年に日本国憲法が施行されて以来、一度も改正されたことはありません。

現在、憲法学者や論客などの個人や新聞社が草案や試案を出していますが、公党として、憲法改正案の内容をまとめ公表しているのは、自民党のみです。すなわち、２０１２年４月に発表された「①日本国憲法改正草案」がそうです。護憲派は別として、憲法案を具体的に示さず自分たちの信念だけを主張するやり方は、国民の世論調査にも見られる「総論賛成各論反対」という、いかにも日和見的で無責任ともいえます。それはさておき、具体案を示している自民党案から憲法９条の改正点を見ていきましょう。

✤自民党案のポイントは「平和主義」の解釈と「国防軍の創設」、「領土等の保全等」の３つ

自民党の憲法改正案では、まず「第二章　戦争の放棄」が「第二章　安全保障」に変わっています。

現行憲法下では、日本は武力行使や武力による威嚇を行わない（永久にこれを放棄する）、陸海空軍その他の戦力を保持せず、国の交戦権を認めないとしています。それを自民党案では、国権の発動としての戦争（日本が他国に戦争を仕掛けること）はしない、また国際紛争を解決する手段として、武力の行使や威嚇はしないとしていますが、第２項で自衛権の発動を妨げるものではないとしています。つまり自国を守るための武力行使や威嚇はあり得ると解釈でき

押さえておこう

①日本国憲法改正草案
２００５年に自民党が「新憲法草案」を発表したことで憲法改正国民投票法が施行され、衆参両院に憲法審査会が設置された。憲法改正議論が本格化するのを機に、旧草案を全面的に再検討し、内容を補強した自民党独自の改正案のこと。

るわけです（現行の憲法下でも、政府は自衛のための武力行使を否定していないとしていますが、それを明確にするものです）。

また、新たに「②国防軍」の新設をうたっています。「自衛隊」のあり方に対する国内議論はこれまでも繰り返し行われてきましたが、自民党案では自衛隊から国防軍へと名称変更することで、軍隊としての存在意義とその役割を明確に規定しています。つまり、日本は軍隊を持つということを憲法に明記する内容であり、戦後70年間、日本を縛ってきたある種のタブーに大きく一歩踏み込んだものといえるでしょう。

また、新たに「領土の保全」にも触れています。自民党案では、国の主権と独立を守るため、領土・領海・領空を保全し、その資源を確保しなければならないとしています。ただし、ここで気をつけなければならないのは「領土等」や「保全等」と「等」が入っていることで、いかようにも拡大解釈ができるような文言になっている点です。また、「国民と協力して」という一文もあり、取りようによっては、必要であれば国民を兵隊として徴用する「徴兵制を導入できる」とも解釈できます。

❃ 戦争できない国から、ときには戦争のできる国へ

仮に、自民党の『日本国憲法改正草案』どおりに憲法9条が改正されたとし

②国防軍
国を守る軍隊の呼称のひとつ。ただし自衛隊とは違って専守防衛に徹していることを意味するものではないという見方もある。

ましょう。日本は、国防軍という軍隊を持ち、他国を先制攻撃することはできませんが、国の主権と独立が侵害される恐れのある場合には防衛的な攻撃が可能となります。護憲派の主張のままであれば、日本が侵略されても一切の戦争もしくは武力行使ができません。それでは、一方的に攻撃をされるままになってしまうではないかというのが政府・自民党の主張です。一例を示せば、今に至るまで日本は、北朝鮮による拉致事件をはじめとして、国民の生命が脅かされている状態ともいえます。懸念は北朝鮮だけではありませんが、いずれにせよ、他国による危険な干渉から国民を守れない憲法では、独立した主権国家としての憲法といえないというのが自民党の結党以来の主張です。

日本が他国への侵略や先制攻撃をすることは、現行憲法でも自民党案でもできないようになっています。焦点となるのは、国家の主権と独立が脅かされたときです。国会論戦でもしばしば繰り返される例えではありますが、やはり、国家を自分自身や家族、友人などの生命や財産などと置き換えて考えてみると、より現実味を帯びてきます。自民党案では、自衛のために国防軍が存在し、さらには国民が命を賭して武器を持って戦うこともあり得るとすることで「国民一人ひとりに自衛の覚悟」を求めている側面があるともいえるわけで、少なくとも私たちは、もし国民投票が行われることになったら、どう行動するか、今から考えておくべきでしょう。

押さえておこう

19

集団的自衛権の発動で自衛隊は軍隊に変わる!?

ココがわからない!!

今のままの自衛隊と何が変わるの?

①**集団的自衛権**の容認を盛り込んだ「安全保障関連法案」が、平成27年度の国会で可決成立するか否かという段階にきています。安全保障関連法案は、「平和安全法整備法案」と「国際平和支援法案」からなり、これらの成立によって、同盟国が攻撃を受けた場合に、日本政府が国家の存立や権利が侵害される危険性があると判断すれば、自衛隊が他国軍と一緒に戦うことのできる「集団的自衛権」が認められるようになります。

そもそも集団的自衛権とは、1945年に発効した国連憲章第51条に規定された「国連加盟国が武力攻撃された際、国連が必要な措置を講じるまでの間、

---

①集団的自衛権
31ページ脚注参照。

必要に応じて個別または同盟国が集団で自衛のための攻撃を容認する権利を害しない」という条文に基づいた権利です。

現行の憲法9条のもとで、日本が攻撃を受けていないにもかかわらず、同盟国を守るという立場だけで武力行使を行うことは憲法違反であると解釈されてきました。今回の法改正はその解釈を変更するものですが、そもそも憲法の主旨に違反しているのではないかとの指摘もあります。安全保障関連法案の国会審議に先立つ憲法審査会の場においても、法案を提出した与党自身が推薦した学者を含め、召致された3人の憲法学者が全員、同法案は違憲との見解を示しています。

同盟国を守ることのできないジレンマ

日本は、戦後一貫して日米同盟によって守られてきた背景があります。つまり、アメリカの軍事力によって、平和が保たれてきたのです。

そのため、日本は国内にアメリカ軍の基地用地を提供し、**常駐のための費用を負担**②するなど、献身的に支えてもきました。

日本が攻撃を受けたときには、アメリカの兵士が命を賭けて日本を守ることになります。ところが、同盟国であるアメリカが攻撃を受けた場合、日本はアメリカ軍を守るための反撃が一切できません。憲法9条があるからです。

押さえておこう

② **常駐のための費用を負担**
「思いやり予算」ともいわれる「在日米軍駐留経費負担」のこと。日米地位協定、在日米軍駐留経費負担特別協定を根拠に支出され、2015年度は総額で1899億円。

国連においても同じことがいえます。国連加盟国の一つが他国から武力攻撃を受け、国連決議で一致してこれを排除しようとした場合にも、日本は武力を行使できません。ここに、日本のジレンマがあります。

それを如実に物語った出来事が、1990年にイラクがクウェートに侵攻し始まった湾岸戦争です。国連は多国籍軍を編成し、イラクの侵攻を食い止めようと軍事行動を起こしますが、日本は自衛隊を派遣することができないため、代わりに総額135億ドルを資金として拠出しました。さらに戦争に直接関わらない物資を提供しています。「平和憲法」を堅持する日本にとっては、この時点で自衛隊を派兵することは国民の合意形成上、そして憲法上からも〝できない相談〟だったのですが、国際社会からは「日本は金だけ出して、汗を流そうとしない」との批判を浴びました。さらに、③**イラク戦争**終結後、クウェートは参戦国に感謝決議を出しましたが、日本はこれに含まれず、日本における国際貢献のあり方が大きく見直される苦い経験となりました。

❀日本的な曖昧さがもたらす矛盾

集団的自衛権の行使容認によって、自衛隊はどのように変わるのでしょうか。現行憲法下では、日本は軍隊を持たないことになっていますから自衛隊が軍隊に変わることはないでしょう。しかし、同盟国が攻撃を受けた際、攻撃をしか

---

③イラク戦争
アメリカが主体となり2003年3月20日から、イギリス、オーストラリアと、工兵部隊を派遣したポーランドなどが加わる有志連合によって、イラク武装解除問題の進展義務違反を理由とする「イラクの自由作戦」の名のもとに、イラクへ侵攻したことで始まった軍事介入。

けてきた相手国を自衛隊が攻撃することになれば、相手国は自衛隊を軍隊とみなして攻撃をしかけてくることもあるでしょう。もしかすると、その攻撃が日本国内にある自衛隊施設に及ぶ可能性もあります。

集団的自衛権を行使するとなれば、憲法解釈のギリギリの範囲内で運用されるというのが政府側の一貫した説明です。しかし曖昧さを残したままで行使を容認することは日本への攻撃を招きかねない危険性も孕《はら》んでいることに多くの人が懸念を示しているのも事実です。

グローバル化した今日の国際社会にあって、日本的な曖昧さはなかなか通用しません。国内外の懸念を払拭するためにも、十分な議論と説明の努力が今後も重要になります。一方で、いわゆる護憲派の人たちも現憲法9条こそ「平和憲法」の根幹であると頑《かたく》なになるのではなく、日本の安全保障政策に関わる諸問題や国際貢献のあり方も含めた広い見地から、時代に合った徹底した議論に加わっていくことが必要でしょう。日本人の将来を決定する重要な問題は、日本人自らが選択し決めるべきです。9条を改正して、「集団的自衛権はこれを放棄する」と明記することもできるのですから。

押さえておこう

20

徴兵制と軍国主義へ戻る可能性

ココがわからない!!

改憲されると、日本に徴兵制が復活する？

日本における徴兵制と軍国主義の復活とは、いささか荒唐無稽な話ですが、「安全保障関連法案」の国会審議過程のなかで、民主党が同法案と徴兵制を関連づけて法案に反対する戦術をとったことから、にわかに徴兵制復活の議論がわき起こりました。

日本国憲法第18条には、「何人《なんぴと》も、いかなる奴隷的拘束も受けない。又、犯罪に因《よ》る処罰の場合を除いては、その意に反する苦役に服させられない」とあります。徴兵制は「意に反する苦役」にあたるとし、日本国憲法上で禁じられているというのが、政府の立場であり公式見解となっています。

日本の①**軍国主義**の復活論は、国内よりも海外（とりわけ中国）で「安全保障関連法案」の成立を報道する際の常套句として使われています。近年、自国の領有権拡大を主張し②**尖閣諸島**などで争う姿勢を見せている中国にとって、日本の集団的自衛権の成立は、仮に日本と中国が軍事衝突という事態に発展した場合、日本が同盟国であるアメリカと一緒になって対抗する事態は避けたいとの狙いから、牽制の意味を込めて主張しているのかもしれません。また、日本の軍国主義化を懸念する海外の声をときどき耳にしますが、今日の国際社会において日本の軍国主義復活を現実のものとして捉えている国は、一部の国を除いてほとんどありません。

徴兵制は時代の流れに逆行する？

では、本当に日本が将来にわたって徴兵制を復活させることはないのか、また軍国主義の道を歩むことはないのでしょうか。まず、現行の憲法下において、日本は軍隊を保有しないことを明記していますから、戒厳令で憲法停止というような現在の日本では想像できない事態にならない限り、軍隊における兵員確保のための徴兵制が復活することはありません。

また、徴兵制を導入している諸外国の流れを見ると、高度化する近代兵器の開発によって軍隊が多数の兵員を必要としなくなったことや、高度な技能を必

押さえておこう

①**軍国主義**
軍事力を重要視し、国力のすべてを軍事力増強のために、集中的に投入する国家の体制や思想のこと。

②**尖閣諸島**
97ページ脚注参照。

要とする近代戦争においては、徴兵制では兵員を育成することが難しいなどの理由から、世界全体としては廃止の方向へと向かっています。もし、仮に日本が憲法を改正して軍隊を保有し、その兵員を調達する手段として徴兵制の導入を検討したとしても、世界の軍事の流れから考慮しても賢明な選択とはなりえないでしょう。むしろ、長期にわたって高度な訓練を実施し、有能な兵士を育成できる志願兵制度を導入することになるはずです。ただし「③**経済的徴兵制**」と呼ばれる兵士募集が行われる可能性があることには、留意しておく必要があります。

　次に、日本が軍国主義を復活させる可能性はあるのでしょうか。戦後日本は憲法9条を高らかに掲げることでこの問いに強く〝否《ノー》〟の姿勢を示してきたわけで、この問いは愚問であると一笑に付されるべきものでしょう。しかし、究極的には誰にも結論が出せない問題であるともいえます。

　現行の日本国憲法では、どこをどう解釈しても軍国主義を導入することはできません。いささか荒唐無稽な話ですが、仮にも軍国主義を唱える政党が国民の支持を集め、与党となって憲法を改正して軍事国家を樹立したとします。そのとき、国際社会が日本の動きを黙認するでしょうか。とてもそうは考えられません。

　資源や食料を他国に依存し、世界を相手に産業・経済を発展させてきた日本という国にとって、国際的に孤立するということは、経済力の弱体化を意味し

③経済的徴兵制
アメリカでは兵役は志願制。とくに貧困層と呼ばれる階層が、奨学金の返済免除のように学費の問題などで入営している。日本で安保法制化以降に兵員の拡大調達が実施されるとすれば、現在の格差社会が拡大する恐れもあるなかで、経済的な理由でやむをえず入営に応じる人たちが出てくるといわれている。それだけではなく、危険なエリアへの派遣を恐れる自衛隊員のなかからは除隊者が出る可能性もぬぐえない。結果として、金銭目的でリクルートされた傭兵的なスタンスの入隊者が増加する懸念がある。

発展の失速につながりかねません。軍事国家を樹立する以前に、国自体が立ちゆかなくなってしまうでしょう。

“小さな大国”日本に求められる姿勢

日本は、1941年にイギリスとアメリカ合衆国に宣戦布告し、太平洋における日米戦争へと突入しました。そして、一時は北東アジアから東南アジアまでを④**大東亜共栄圏**として手中に収めました。日本が本気を出して軍事力を行使した場合の底力を怖れている国が存在することも否定できません。また、戦後の焼け野原から復活し、アメリカに次ぐ世界第2位の経済大国(現在は第3位)まで登り詰めた日本人の勤勉さと団結力を、現代の脅威と捉える人(あるいは国)がいても不思議ではないでしょう。

世界の人々から向けられるこうした視線を意識すれば、憲法の問題を政争の具にしたり、曖昧な議論でお茶を濁すべきではないでしょう。むしろ、しっかりとした国民の合意形成のもと、平和を希求する国家のあるべき方向性を導き出し、国内外に明確なメッセージとして伝えていく段階にきているのです。それが世界有数の大国としての説明責任でもあります。

押さえておこう

④大東亜共栄圏
第二次世界大戦時、イギリスやアメリカといった欧米列強の植民地支配から東アジア・東南アジアを解放し、この地に日本を盟主とする共存共栄の新たな国際秩序建設を目指した日本の構想のこと。

集団的自衛権のイメージ

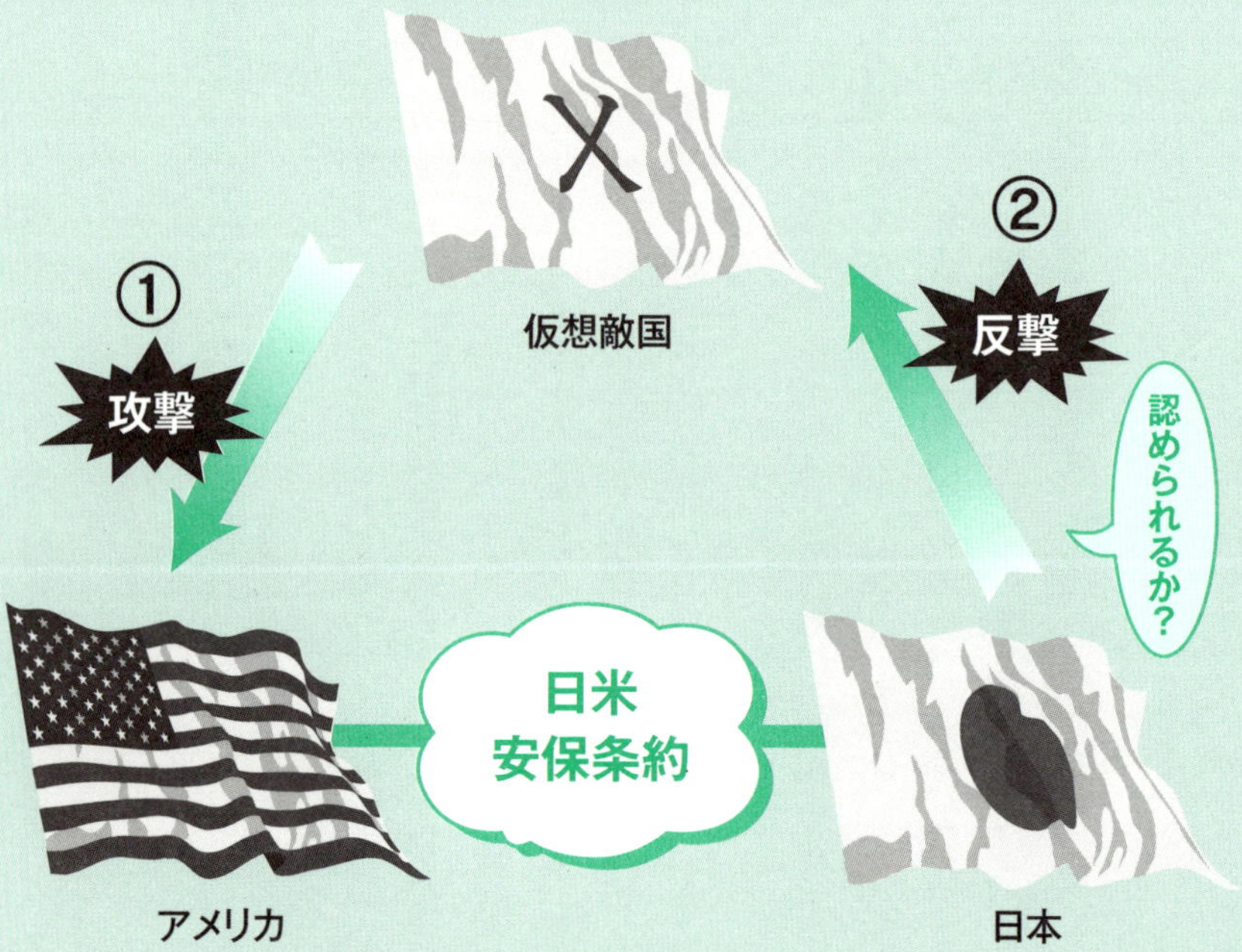

第2部
第2章

いったい、どこまでが「自衛」なのか

21 憲法9条をめぐる3つの学説

ココがわからない!!

9条の解釈の仕方にはどのような考え方があるの?

憲法9条が戦争を全面的に放棄したものであるか否か、その解釈をめぐっては諸説が入り乱れ、主なものとして以下に示す3つの学説が挙げられます。

A．9条第1項において、あらゆる戦争を放棄したものである、とする説。

B．9条第1項は侵略戦争のみを放棄したもので、自衛のための戦争までは放棄していないが、第2項で全面的な戦力の不保持と交戦権の否認を掲げているので、結局はあらゆる戦争を放棄したものになる、とする説。

C．9条第1項は侵略戦争のみを放棄したもので、自衛のための戦争までは放棄していない。しかも、第2項で「前項の目的を達するため」に禁じられているのは、戦力を侵略戦争に用いることであって、自衛戦争に戦力を用いることは禁じていない、とする説。

戦争の全面放棄か侵略戦争のみの放棄か

まず、第1項は「日本国民は、正義と秩序を基調とする国際平和を誠実に希求し、国権の発動たる戦争と、武力による威嚇又は武力の行使は、①**国際紛争**を解決する手段としては、永久にこれを放棄する」となっています。「国際紛争を解決する手段としては、というからには、「国際紛争を解決する手段として」でなければ「国権の発動たる戦争と、武力による威嚇又は武力の行使」を放棄していないのかという議論が持ち上がります。「国際紛争を解決する手段」とは、すなわち侵略戦争を指すというのが、国際法上の一般的な解釈とされています。

ただ、人類史上に起きた数々の戦争の例からも、侵略戦争と自衛戦争の区別をつけることは不可能だという指摘が存在します。どの国も自らの正当性を訴えるものなので、「自衛のための戦争」を名目に侵略戦争を起こした例はいくらでもあり、逆に「これは侵略戦争である」とわざわざ宣言して戦争を起こすことはあり得ない、だから侵略戦争も自衛戦争もなく戦争は戦争であって、憲

押さえておこう

①国際紛争
当事国が明確な要求を出し、もう一方の当事国がこれを拒絶し反対の要求を出している状態のこと。戦争が含まれることもあるが、一般的にはそこに至らない国家間の紛争を指す。

法9条では戦争を全面的に放棄したのだ、というのがAの説です。これを「峻別不能説」または「1項全面放棄説」と呼びます。

✿自衛戦争と侵略戦争、その〝線引き〟はできるのか

これに対し、第1項では「国際紛争を解決する手段」＝（国際法上の一般的な解釈である）侵略戦争のみが放棄され、②自衛戦争に関しては規定されていない（ということは、放棄していない）とするのがB説およびC説の立場です。しかし、ここで、第2項（「前項の目的を達するため、陸海空軍その他の戦力は、これを保持しない。国の交戦権は、これを認めない」）について見解が分かれます。ひとつは、戦力不保持と交戦権否認が定められている以上、実際に戦争を遂行することはできず、事実上、戦争を全面的に放棄したに等しい、というBの説です。これを「遂行不能説」または「2項全面放棄説」と呼びます。もうひとつが、「前項（第1項）の目的」とは侵略戦争の放棄を指し、第2項で「保持しない」と規定されているのは侵略戦争のための戦力であり、自衛戦争のための戦力は容認されている、というCの説です。これを「限定放棄説」または「自衛戦争許容説」などと呼びます。

とにかく、このように見解が分かれるのは、それだけ条文に複雑な要素が含まれていて、さまざまな解釈が成り立つからだといえます。

押さえておこう

②自衛戦争
国家が自らの主権あるいは領土を維持・防衛するために自衛権の行使として行う戦争のこと。

諸説紛々たる憲法9条の解釈

	第1項 戦争に関して	第2項 戦力に関して
A説 峻別不能説 （1項全面放棄説）	× **全面的放棄**	× **全面的不保持**
B説 **遂行不能説** **（2項全面放棄説）** ※歴代政府の公式見解	▲ **限定的放棄**	× **全面的不保持**
C説 限定放棄説 （自衛戦争許容説）	▲ **限定的放棄**	▲ **限定的不保持**

22 自衛以外の戦力を持たない規定と条文中の「戦力」をめぐる解釈

ココがわからない!!

自衛隊は必要なのになぜ違憲といわれるの？

✤ 自衛戦力は「戦力」ではない？

歴代の政府は、憲法9条の解釈について「第1項で自衛のための戦争は放棄していないが、第2項に全面的な戦力の不保持が掲げられている」とする遂行不能説を公式見解としつつ、自衛のための戦力にほかならない①**自衛隊**の存在を合憲として認めてきました。これはどういうことでしょう？

憲法9条で保持を禁じられた「陸海空軍その他の戦力」とは、自衛のための

---

①自衛隊
44ページ脚注参照。

必要最小限度の戦力を超えるものを指す（自衛のための必要最小限度の戦力である自衛隊は憲法９条で禁じられた「戦力」に相当しない）とする見解を、自衛隊が発足した１９５４年当時の第一次鳩山一郎内閣以来、代々踏襲してきたからです。

条文中の「戦力」をめぐる解釈には諸説があり、まず「戦力全面不保持説」と「戦力限定不保持説」（「自衛戦力肯定説」）に大別されます。前者は峻別不能説（１項全面放棄説）および遂行不能説（２項全面放棄説）、後者は自衛戦争許容説（限定放棄説）と結びつくものです。

「戦力全面不保持説」のうち、先に示した政府見解を「超自衛力説」と呼びます。そのほかには、「潜在能力説」、「超警察力説」、「近代戦争遂行能力説」といったものがあります。これらはいずれも、９条第２項で禁じられていると見なす対象（「戦力」）を表した呼称です。「戦力限定不保持説」の見解は、侵略戦争に戦力を用いることのみが禁じられていて、自衛のための戦力は当然のことながら容認されている、というものです。

✤ 保安隊、自衛隊と歩調を合わせた政府見解の変更

ここで主流となっている「戦力全面不保持説」に大別される各説がそれぞれ定義づける「戦力」とはどのようなものかについて考えてみましょう。

押さえておこう

「潜在能力説」では、戦力に転化される可能性（潜在能力）を持つあらゆるものが「戦力」と見なされ、保持を禁止する対象となります。しかし、それでは、警察隊をはじめ航空機や港湾施設、重工業施設、科学技術や資源、行きつくところは一般国民さえも強化次第では戦力に転じられるということになりかねず、潜在的な「戦力」と見なされるものとそうでないものの境界が不明瞭だという批判が存在します。

「超警察力説」では、**警察力**[②]を超える実力を「戦力」と見なします。警察力とは、国内の治安維持のために必要最小限度の実力とされます。1946年に憲法が制定された当初の政府見解は、この説と同様のものでした。自衛隊の前身である警察予備隊は、警察力を補う組織として50年8月に設置されました。

「近代戦争遂行能力説」では、近代戦遂行に役立つ程度の装備・編成を「戦力」と見なします。この説は、52年11月に第四次吉田茂内閣によって政府見解として定義づけられたものです。その際、「戦力」までに至らない程度の実力を持ち、それを防衛のために使うことは憲法違反ではなく、同年10月に警察予備隊から改組されたばかりの保安隊は近代戦を遂行できるだけの実力を持たないので「戦力」には当たらず合憲であるとされました。

そして、保安隊が自衛隊に発展した54年に、「戦力」とは自衛のための必要最小限度の戦力を超えるものを指すとする「超自衛力説」が唱えられ、これが政府見解として定着してきたのです。

押さえておこう

②**警察力**
社会の安全や治安を維持する責任を課された行政機関が警察で、この機関が及ぼす力のこと。

日本国憲法と自衛隊法の比較

憲　法	自衛隊法
第18条 何人もいかなる奴隷的拘束も受けない。又その意に反する苦役に服させられない。	**第122条** 防衛出動命令後拒否又は脱走は７年以下の懲役又は禁錮。 **第119条** 防衛招集命令後指定日時を３日過ぎて出動しない者３年以下の懲役又は禁錮。 **第103条** 一般国民のうち、医療・土地建築・輸送業者の徴用。
第22条 何人も、居住、移転等の自由を有する。	**第55条** 自衛官は総理府で定めるところに従い、長官が指定する場所に居住しなければならない。
第21条 言論・表現の自由はこれを保障する。	**第120・122条** 防衛出動命令・治安出動命令が下った場合、隊員に対し命令拒否や脱走を呼びかけるとそれぞれ７年以下・５年以下の懲役・禁錮。
第29条 財産権は、これを侵してはならない。	**第103条** 防衛出動命令が下った場合、土地や建物等を徴発できる。 **第105条** 訓練のため漁船の操業制限・禁止規定。

23 苦肉の策の「解釈改憲」

ココが わからない!!

なぜ、新たな解釈をする必要があったの？

自衛隊の発足から60年を迎えた2014年7月1日、①第二次安倍政権は憲法9条の解釈を変更する②閣議決定に踏み切りました。

歴代の日本政府は長年にわたり、憲法9条の定めるところによって集団的自衛権の行使は認められていないと解釈するスタンスを取り続けてきました。しかし、新たに閣議決定された政府見解では、日本が武力を行使する〝新3要件〟を満たせば、個別的自衛権、集団的自衛権、集団安全保障の3種類の武力行使が容認されるという憲法解釈が初めて示されたのです。

これより前に第二次安倍内閣は、集団的自衛権の行使容認への道筋として憲

①第二次安倍政権
2006年9月26日に第一次内閣が発足し、現在は第二次。「戦後レジームからの脱却」をモットーにさまざまな政策を推し進めようとしているが、集団的自衛権行使容認の姿勢等については多くの議論が交わされている。

②閣議決定
内閣が政策・方針などをとりきめるための非公開の会議が閣議で、これで決まったものが閣議決定。各定例閣議は毎週2回開かれる。

法96条の改定を試みました。改憲を問う国民投票の実施には、まず国会議員の3分の2以上の賛成を得ることが必要とする憲法96条の規定を変え、国会議員の3分の2以上から過半数の賛成に緩和したいと考えたのです。

ところが、この動きに賛同する気運は高まりませんでした。そこで、集団的自衛権行使容認のハードルを下げるため、いわば苦肉の策として、ひとまずは改憲を棚上げにして、憲法9条の規定自体は変えずに、その解釈を変えることで政府の意向を通す事実上の改憲――いわゆる解釈改憲に方針を切り換えた、というわけです。

「我が国に対する急迫不正の侵害がある」場合にかぎって個別的自衛権のみを認めてきた③**従来の3要件**と、④**〝新3要件〟**は根本から大きく異なります。新3要件には「我が国と密接な関係にある他国に対する武力攻撃が発生した場合」が含まれ、条件付きではありながら集団的自衛権の行使を認めることになったのです。

時の内閣のみの判断によって憲法解釈を変え、なし崩し的に集団的自衛権行使を容認することは、主権者たる国民を置き去りにした越権行為であり、また憲法を軽んじることになるとの批判を招きました。解釈改憲を阻止すべく反対の意見書や決議を可決した全国各地の市町村議会は、閣議決定直前には150を超しました。それでも政府は強硬な姿勢を崩さなかったのです。

押さえておこう

国務大臣が出席し、その決定は全会一致制。

③従来の3要件
1．我が国に対する急迫不正の侵害があること
2．これを排除するために他の適当な手段がないこと
3．必要最小限度の実力行使にとどまるべきこと

④〝新3要件〟
142ページ参照。

24 条文徹底解釈①

ココがわからない!!

「国権の発動たる戦争」で定義される戦争とはなに?

これまで繰り返し述べてきましたが、憲法9条第1項では、「国権の発動たる戦争と、武力による威嚇又は武力の行使は、国際紛争を解決する手段としては、永久にこれを放棄する」とされています。

ここでいう、「国権の発動たる戦争」、「武力による威嚇」、「武力の行使」とは、それぞれどのようなものでしょう。この項では、まず「国権の発動たる戦争」について説明します。

✤ 形式上・国際法上で正規の戦争

戦争には形式上・国際法上の戦争と実質上の戦争があり、「国権の発動たる戦争」とは、宣戦布告または最後通牒の手続きによって生じる、形式上・国際法上で正規のものとされる戦争を指します。

かつては国際通念上、おのおの対外的に独立して主権を有する国家は、その主権の発動としての戦争に訴えることで国際紛争の解決を図ることができるとされていました。つまり、他国との間で起きた紛争を解決する手段として、侵略戦争を起こす権利が各国に認められていたのです。

しかし、第一次世界大戦後に結ばれた①**パリ不戦条約**では、国際紛争の解決のために戦争に訴えることが不法とされ、第二次大戦後に発足した国際連合でも、各加盟国は国際紛争を平和的手段によって解決しなければならないと国連憲章に定めています。

こうした世界的な趨勢を受けて制定された日本国憲法は、9条で「国権の発動たる戦争」＝侵略戦争のみならず、自衛戦争をも含む戦争を全面的に放棄したとも概《おおむ》ね解釈できる、パリ不戦条約や国連憲章よりもさらに一歩踏み込んだものとされています。

押さえておこう

①パリ不戦条約
49ページの脚注参照。

25 条文徹底解釈②

ココがわからない!!

「武力の行使」と「武力による威嚇」の意味合い

憲法9条第1項で「国際紛争を解決する手段としては、永久にこれを放棄する」と規定された「国権の発動たる戦争」、「武力による威嚇」、「武力の行使」のうち、「国権の発動たる戦争」については前項で触れました。続いて、「武力の行使」と「武力による威嚇」について説明します。

「武力の行使」とは、形式上・国際法上で正規のものとされる戦争（「国権の発動たる戦争」）と異なり、宣戦布告や最後通牒をともなわない実質上の戦争を指します。日本の歴史においては、関東軍が仕掛けた1931年の柳条湖事件に端を発する①**満州事変**や、37年の②**盧溝橋事件**を端緒とする日中戦争（支那

①満州事変
1931年9月18日に中国東北部の奉天郊外の柳条湖で、関東軍が南満州鉄道の線路を爆破した事件に端を発する。関東軍による満州（現中国東北部）全土の占領を経て、1933年5月31日の塘沽協定成立に至った、日本と中華民国との間の武力紛争のこと。

②盧溝橋事件
1937年7月7日に北京西南方

事変）などがこれに当たります。

「武力の行使」は戦争と同然、その前段階が「威嚇」

また、「武力による威嚇」とは、「武力の行使」の前段階と言えるもので、武力行使に訴えることを匂わせて自国の一方的な主張を受け入れるよう他国に強要する行為を指します。日清戦争終結後の1895年にロシア・フランス・ドイツが日本に圧力をかけて遼東半島を中国へ返還させた③**三国干渉**や、第一次世界大戦中の1915年に日本が中国に提示した④**対華21ヶ条要求**などが、その例として挙げられます。

「武力の行使」は実質的な意味での戦争にほかならず、「武力による威嚇」は戦争または「武力の行使」を誘発する原因にもなります。これらを「国権の発動たる戦争」とともに、日本国憲法は（国際紛争を解決する手段としては）放棄したのです。

押さえておこう

向の盧溝橋で起きた日本軍と中国国民革命軍第29軍との衝突事件。この事件は日中戦争の導火線ともなった。

③三国干渉
1895年、フランス、ドイツ、ロシアの三国が、日本と清の間で締結された下関条約に基づき日本に割譲された遼東半島を清に返還することを求めたもの。

④対華21ヶ条要求
第一次世界大戦中、日本が中華民国政府との外交交渉のなかで提示した21ヶ条の要求。

26 条文徹底解釈③

ココがわからない!!

「国際紛争を解決する手段としては」はどこにかかるの?

憲法9条第1項には、「国権の発動たる戦争と、武力による威嚇又は武力の行使は、国際紛争を解決する手段としては、永久にこれを放棄する」とあります。ここでいう「国際紛争を解決する手段」とは、一般的に①**侵略戦争**を指すものと解釈されることは、すでに述べました。また、「国際紛争を解決する手段」として禁じられた対象は通常、「国権の発動たる戦争」「武力による威嚇」「武力の行使」の3項目すべてであると解釈されます。

しかし、条文中で「国際紛争を解決する手段としては」という条件（留保）を付されている範囲は、「武力による威嚇又は武力の行使」だけだと解釈する

---

①侵略戦争
侵略目的で武力を行使する戦争。ただし定義することが難しく、たとえば隣接する国家同士の争いの場合、自国の防衛のためには他国国家（主権国家）の領土を侵略することが効果的になるが、これ自体は自衛ともいえるからだ。

説が少数意見ながら存在します。これは、「国権の発動たる戦争」は全面的に禁止されているが、「武力による威嚇」と「武力の行使」は「国際紛争を解決する手段として」でなければ（つまり、自衛のためならば）容認されていると解釈するものです（非戦力的武力合憲説）。

✿「戦力」はNG、でも「武力」ならOK？

この説では、自衛のための「武力による威嚇」と「武力の行使」を容認することが第1項で結論づけられていて、第2項で保持を禁じられた「陸海空軍その他の戦力」とは「国権の発動たる戦争」の手段を示している、とされます。つまり、「戦力」の保持は禁じられていて、自衛のための「武力」を持つことは容認されている、というわけです。

ただ、それでは多数説では同義に受け取られる条文中の「武力」と「戦力」を異なる概念として解釈していることになり、すると〝戦力なき武力〟というものがどのように定義づけられるのか、といった疑問が呈されています。条文の表現からも、「国権の発動たる戦争」と「武力による威嚇又は武力の行使」は、いずれも「国際紛争を解決する手段としては、永久にこれを放棄する」ものとして並列されているとする解釈が圧倒的優勢です。

押さえておこう

27

条文徹底解釈④

ココがわからない!!

「戦力不保持」と「前項の目的を達するため」の関係は？

戦力を持たない「動機」か「条件」か

憲法9条第2項前段（「前項の目的を達するため、陸海空軍その他の戦力は、これを保持しない」）について、「前項の目的を達するため」が戦力不保持の動機を示すものなのか、それとも条件を示すものなのかという点でも解釈が分かれます。つまり、「前項の目的を達するため」に戦力を保持しないのか、「前項の目的を達するため」には戦力を保持しないのか、ということです。

戦力不保持の動機を示すとする前者の説は、さらに「1項前段動機説」「1項全体動機説」「1項後段動機説」に分かれます。

「1項前段動機説」は、「前項の目的」が第1項の前段部分に掲げられた「正義と秩序を基調とする国際平和を誠実に希求」することを指すとするものです。また「1項全体動機説」は、第1項全体の基本精神や趣旨を指しているとされます。この2説は、9条全体の解釈として、第2項の規定によって戦争が全面的に禁止されていると見なす①**遂行不能説（2項全面禁止説）**と結びつきます。

「1項後段動機説」は、「前項の目的」が第1項後段部分の「国際紛争を解決する手段としては、永久にこれを放棄する」を指すとするもので、第2項で禁じられたのは侵略戦争のみであると見なす②**限定放棄説（自衛戦争許容説）**と結びつきます。

また、「前項の目的を達するため」が戦力不保持の条件を示すとする説では、「前項の目的」が侵略戦争の放棄を掲げる第1項後段部分のみを指すとし、「1項後段不保持限定説」と呼ばれます。「1項後段動機説」と同様に、これも限定放棄説と結びつくものです。

押さえておこう

①遂行不能説
116ページ参照。

②限定放棄説
116ページ参照。

日米地位協定

※日本国内でありながら日本の法令は適用されず治外法権・特権が保障されていることや、日本国民の人権が侵害されていることから、とくに在日米軍基地周辺の住民から内容の改定を求める声が多い。

前　文
第1条　軍隊構成員、軍属、家族の定義
第2条　施設及び区域の許与、決定、返還、特殊使用
第3条　施設及び区域内外の管理
第4条　施設及び区域の返還、原状回復、補償
第5条　船舶及び航空機の出入及び移動
第6条　航空・通信の体系、航空・航行施設に関する協力
第7条　公益事業の利用
第8条　気象業務の提供
第9条　米軍人、軍属及びその家族の出入国
第10条　運転免許証及び車両
第11条　関税及び税関検査の免除
第12条　労務規定
第13条　課税
第14条　特殊契約者
第15条　歳出外資金諸機関

第16条　日本国法令の尊重
第17条　刑事裁判権
第18条　民事請求権
第19条　外国為替管理
第20条　軍票
第21条　軍事郵便局
第22条　在日米人の軍事訓練
第23条　軍及び財産の安全措置
第24条　経費の分担
第25条　合同委員会
第26条　発効、予算上及び立法上の措置
第27条　改正
第28条　末文

※同じ敗戦国でもドイツとイタリアはアメリカとの地位協定を改正したのに対し、日本では締結した1960年以来改定をしておらず、不平等と解釈できる部分についてしばしば議論が交わされている。

第2部

第3章 日米安保と地位協定について考える

28 「日米安保は軍事同盟」その事実を日本人は不認識

ココがわからない!!

日本とアメリカの関係はどうなっている？ 今後どうなる？

１９５１年９月８日、日本はアメリカをはじめとする第二次世界大戦の連合国49カ国（中・ソとは講和せず）と「①サンフランシスコ講和条約」を締結しました。この時、同時に旧「②日米安全保障条約」が締結されました。同条約に基づきＧＨＱ麾下《きか》部隊のうちアメリカ軍部隊は在日米軍となり、イギリス軍主体であったその他の連合国部隊は撤収しました。

当時、日本は自主防衛力を一切失っていたため、戦後の混乱した社会情勢を考慮した結果、日本政府側が米軍の駐留を希望していました。国内事情がそれほど混沌としていたからです。その後、日本が復興を遂げていくと、日米間で

①サンフランシスコ講和条約
62ページ「講和条約」参照。

②日米安全保障条約
日本の安全保障のため、アメリカ軍を日本国内に駐留させることなどを定めた二国間条約。1960年、新たに二国間に発行された相互協力、安全保障条約（〝新〟日米安保条約）に伴い旧条約は失効した。

新しい条約締結の必要性がささやかれ始めました。そして締結された新しい条約が、１９６０年1月19日に結ばれた「日米安全保障条約」です。

安保条約には集団的自衛権も明記されていた

この新しい安保条約は、岸信介首相とアイゼンハワー大統領の間で署名が交わされました。その前文には「(日米) 両国が国連憲章で定める個別的または集団的自衛権の固有の権利を有していることを確認し」とあります。これは個別的および集団的自衛権を前提にした③**双務的体裁**を採用していることにほかなりませんが、当時は今のように集団的自衛権が大きくクローズアップされることはありませんでした。そして第5条は次のように規定されています。

> ①各締約国は、日本国の施政下にある領域における、いずれか一方に対する武力攻撃が、自国の平和および安全を危うくするものであることを認め、自国の憲法上の規定および手続きに従って共通の危険に対処するように行動することを宣言する。
>
> ②前記の武力攻撃およびその結果としてとったすべての措置は、国際連合憲章第51条の規定に従って、ただちに国際連合安全保障理事会に報告しなければならない。その措置は、安全保障理事会が国際の平和および安全を回復し、および維持するために必要な措置をとったときは、終止しなければならない。

押さえておこう

③双務的体裁
条約を交わしている双方いずれかに安全保障上で何らかの脅威や損害等が生じた際、双方によって負担すること。

要約すると、日本の施政下にある領域が武力攻撃された場合、個別的自衛権を発動することになります。アメリカにしてみれば自らの施政下にある領域ではないため、日本からの要請があれば集団的自衛権を行使することになる、ということになるわけです。

✤ 冷戦終了後も極東アジアの安定のため条約は不可欠

安保条約締結により日本とアメリカの双方が、日本および極東の平和と安定に協力することが規定されました。条約の期限は10年となっていて、以後は１年前の通告により、どちらの締結国も一方的に破棄することができると定めてあります。しかし１９７０年に当初の10年固定期間が終了し、以後は単年ごとの自動更新期に入りました。

東西冷戦構造の下では、安保条約は軍事同盟と変わらないものと見ることができました。その後、１９９１年のソ連崩壊で冷戦は終結し、条約の必要性が薄れたようにも思われました。しかしその後、極東アジアの不安定化や北朝鮮の脅威、中国の軍事力増強など、日本および周辺地域の安定に対する脅威に日米が共同で対処するため、条約の重要性は変わっていません。

押さえておこう

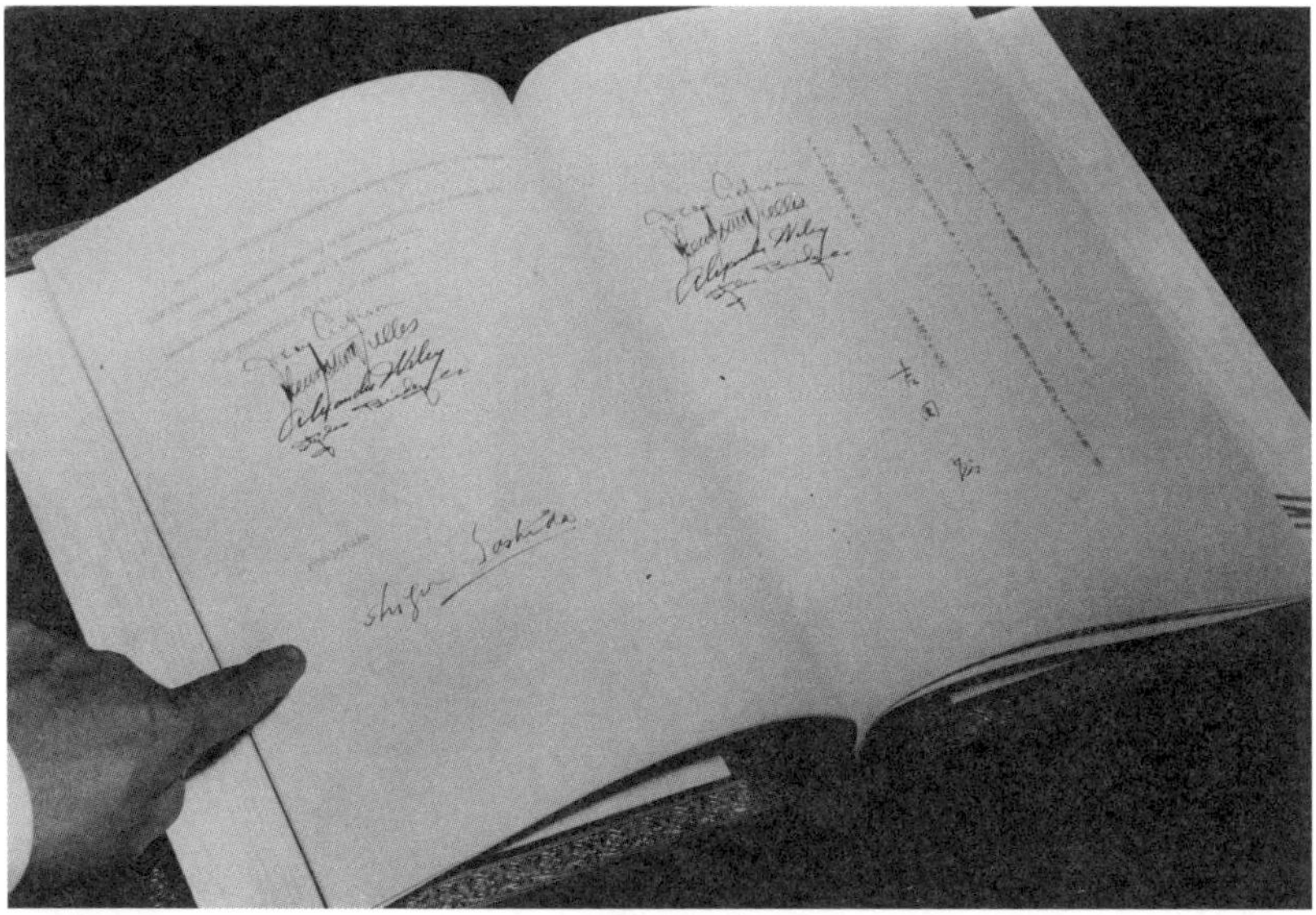

写真上
日米安全保障条約。吉田茂首相(当時)は、あまり評判のよくない内容という判断から、ほかの全権委員を同席させず、自らが責任を負うと一人でサインした。
(毎日新聞社 / アフロ)

写真左
第12臨時国会。
サンフランシスコ平和条約、日米安全保障条約を承認した衆議院委員会。
1951年10月25日撮影
(読売新聞社 / アフロ)

29

「集団的自衛権とは何か」憲法9条との整合性をどう理解すべきか

ココがわからない!!

集団的自衛権とは何から何を守ること?

「個別的自衛権」と「集団的自衛権」は、どちらも①**独立国家**がその存立のために必ず保有している権利とされます。どちらにも「自衛」という文言が入っていることからもわかるとおり、「自らを守る権利」です。ここでは、これらの自衛権について簡単に触れておくことにしましょう。

まず「個別的自衛権」というのは、自国が他国から違法な侵害を受けた場合、自国を防衛するために武力で反撃できる権利です。それに対して「集団的自衛権」というのは、自国(B)と密接な関係にあるA国が、別のC国に武力攻撃を受けた場合、それを自国に対する武力攻撃とみなして、武力攻撃を受けたA

---

①独立国家
国内での事項の処理や他国との関係において、いかなる外部の支配からも自由である国家。自国の国民や財を支配する権力を持ち、国民の権利や外国人の入国条件などを自由に定めることができる。

国を支援し、ともに防衛する権利を指しています。とはいえ、最近よくいわれている「集団的自衛権とは他国を守るための戦争行為」という見方が特別な一面だけをクローズアップしたものであるのも事実です。

逆の立場から見るとわかりやすいでしょう。C国からすればA国を武力攻撃した場合、B国も敵に回してしまうことになります。それではあまりにリスクが高いので、武力行使は踏みとどまっておこうと考えるでしょう。こうした親密な国を多く持つことが、自国の自衛や、結果的に地域の安定にもつながるという考えです。

日本政府は従来「憲法9条の下において許容されている自衛権の行使は、我が国を防衛するための必要最小限度の範囲にとどまるべきものと解しており、集団的自衛権を行使することは、その範囲を超えるものであって、憲法上許されないと考えている」としてきました。しかし安倍内閣では「我が国に対する武力攻撃があった場合だけでなく、我が国と密接な関係にある他国に対する攻撃であっても、それによって我が国の存在が脅《おびや》かされ、国民の諸権利が根底から覆《くつがえ》される明白な危険があるようなケースには、限定的な武力行使が認められる」というように、従来の解釈を変更しました。この考えがどのような影響を及ぼすかを、法案が国会を通過する以前にもまして、じっくりと考える必要があるのです。

押さえておこう

30 国際連合憲章51条においても認められているというが…

ココがわからない!!

もう一度、どこまでが〃自衛〃なのか中立的に考えよう

今一度、憲法9条を見てみることにしましょう。

> ①日本国民は、正義と秩序を基調とする国際平和を誠実に希求し、国権の発動たる戦争と、武力による威嚇又は武力の行使は、国際紛争を解決する手段としては、永久にこれを放棄する。
> ②前項の目的を達するため、陸海空軍その他の戦力は、これを保持しない。国の交戦権は、これを認めない。

ここで着目する点は、第2項の「①前項の目的を達するため」という部分。ここで言う目的とは「侵略のための戦争や武力行使」を指しています。つまり自衛のためならば、戦力を保持することは可能というわけです。したがって自衛のための組織である自衛隊は憲法違反にはならないわけです。

そのことを踏まえたうえで、②国際連合憲章51条の規定を見てみましょう。

「この憲章のいかなる規定も、国際連合加盟国に対して武力攻撃が発生した場合には、安全保障理事会が国際の平和及び安全の維持に必要な措置をとるまでの間、個別又は集団的自衛の固有の権利を害するものではない」とあります。

ここで明記されているとおり、国連の加盟国はすべて武力攻撃に晒された場合、「個別又は集団的自衛の固有の権利」を持っています。国連で英語とともに公用語となっているフランス語では、この権利を〝自然権〟と表現しているほど、当然保有していて然るべき権利とされています。

一国平和主義は国際社会では通用しない

前章で安倍内閣が集団的自衛権の解釈を変更したと触れました。そして自衛措置のための武力行使について、新たな3要件を発表しています。

押さえておこう

①前項の目的を達するため
この第2項冒頭の一節を条文に加えたのは、のちに首相も務めた芦田均だといわれている。このためこの部分の加筆修正を「芦田修正」と呼んでいる。この日本側の修正に対して、極東委員会(39ページ脚注参照)のメンバーだった中華民国の代表からは、のちのち日本が限定的ながら戦力を持つ道を開くとの懸念が示された。

②国際連合
1945年、国際間の平和と安全の維持、平等と民族自決の原則に基づく諸国間の友好関係の発展・促進、国際間の諸問題を解決するための国際協力を奨励することなどを目的に設立された国際機構。なお、日本では見落とされがちだが、第二次世界大戦中の「連合国」も戦後の「国際連合」も英語ではともにUnited Nationsである。

①我が国に対する武力攻撃、又は我が国と密接な関係にある他国への武力攻撃で我が国の存立が脅かされ、国民の生命、自由及び幸福追求の権利が根底から覆される明白な危険があること。
②これを排除し、我が国の存立を全うし、国民を守るために他に適当な手段がないこと。
③必要最小限度の実力行使にとどまること。

このように、武力行使をするにしても、相当高いハードルが設けられているというのが安倍政権側の〝主張〟です。しかも、あくまで「我が国の存立と国民の諸権利を守る」ということが大前提となっているというのが、2015年夏の国会内外で繰り返しなされた説明でした。ただ、このハードルを誰がどう解釈し、どう運用するかが必ずしも明確でなく、反対する側はその点を心配しています。

通常、国際社会では、密接な関係のある国同士が③**同盟条約**を結び、いずれか一国に対する攻撃を同盟国に対する攻撃とみなし、ともに防衛する権利を行使することは当然のこととされています。こうした相互信頼性に基づいた抑止力を発揮することが、その地域の平和を維持することとなり、そのまま世界の平和を守ることにもつながります。それは国連憲章51条の規定にも合致していることになるわけですが、それをもってして日本国憲法第9条にこめられた〝精

③同盟条約
第三国との間に紛争が起きた際、相互援助を約束する条約。防衛だけではなく攻撃の性格を持つ条約も存在する。

神〟までなしくずしにしてしまってよいのか、少なくとももう少し議論すべきではないでしょうか。

たしかに一方では、「どうしても自国のことだけしか念頭に置きたくない」と考えるのならば、膨大な予算をつぎ込んで、他国がつけ入ることができないほどの軍事力を持たなければならなくなります。しかも、現代は一国だけで自国を守るような時代ではありません。他国との双務的な関係は不可欠で、それは「正義と秩序を基調とする国際平和を誠実に希求し」という、第9条第1項にも合致するという見方もできます。いずれにしろ、国民一人ひとりがいったん立ち止まり、自分自身でよく考えなければならないことなのです。

押さえておこう

31 国際社会と足並みを揃えられなかった湾岸戦争の〝トラウマ〟

ココがわからない!!

憲法9条を改正することで国際平和活動への貢献が広がるの？

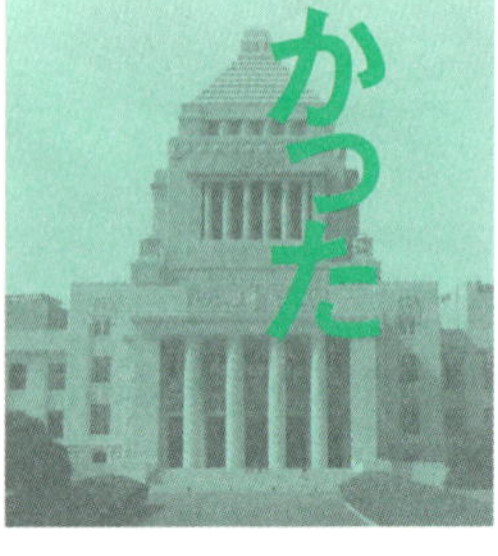

国際貢献と憲法9条との関係が注目されるようになったのは、1991年に勃発した湾岸戦争の頃からでしょう。このとき日本は憲法9条を根拠にして、財政支援のほかには何もすることができませんでした。そのため国際社会からは、「金は出すが血は流さない」とか「自分の国だけが平和ならいいのか」といった非難を受けてしまいました。

それでも「戦場に軍を送るよりもはるかにまし」という意見もあります。確かにそれも一理ありますが、侵略されたのが日本だったとするとどうでしょうか。自らは国際平和に見える形で貢献せず、困ったときだけ助けてもらうことが、果たして一大経済大国である日本の国際的な立場から許されるのかどうかで論争となりました。

国連が自前の軍を持てていない現状で

「日本が侵略されそうになったら、国連の①**集団安全保障**が発動されるから大丈夫」という意見もあります。確かに集団安全保障は、国連が加盟国の安全を保障するものです。この制度は、国際平和の脅威になることを禁じているにもかかわらず国連加盟国がこれに違反した場合、他の加盟国が集団で制裁措置をとり、平和の維持・回復を図るというものです。

制裁の方法には、経済制裁（非軍事的措置）と軍事制裁（軍事的措置）があります。

経済制裁は国連が定めた軍事以外の手段で違反国を制裁する方法です。一方、軍事制裁は②**国連軍**が国連の指揮下で行う強制措置ですが、国連の加盟国間にはさまざまな意見対立が存在するため、現在は軍事制裁を行うのは事実上不可能で、今後もおそらく難しいでしょう。

では湾岸戦争で実際に戦っていた③**多国籍軍**というのは何なのでしょうか。じつは国連の軍事制裁とよく似た、④**有志連合軍**による活動なのです。

1991年の湾岸戦争の際、この有志連合軍が国連に代わりイラクに対して

押さえておこう

①集団安全保障
国家間で互いに武力行使しないことを約束し、約束に反した、あるいは反しようとする国があった場合は、協力によって防止または抑圧する安全保障の方式。

②国連軍
国連安全保障理事会の管轄下にある国際平和と安全維持を任務とする軍事力。常置されてはおらず、必要に際して編成される。

③多国籍軍
武力行使容認の決議に応じて国連安保理が呼びかけ、複数の国が自主的に兵員を派遣して編成する国際軍。

④有志連合軍
国連の規定する国際連合平和維持活動とは異なり、地域概念にとらわれず独自に平和維持活動や軍事介入を行う有志による軍。

武力制裁を行使しました。このとき、国連が関与することができたのは武力行使を認めることだけでした。

現在、国連は自前の兵力を持っていません。そのため、その後もたびたび有志連合軍が編成され、地域の平和と秩序回復のための活動に従事しました。

集団安全保障は加盟国が義務的に協力しなければならない国連の活動ですが、有志連合の場合は協力するかどうかは、加盟国が自由に決められます。

すなわち、前出のように日本が攻撃された場合、日本を〝守る〟有志連合軍に第三国が参加して助けるかどうかは、究極的には、それぞれの国の自由です。どの国も自国の国益を優先することが国際社会の現実です。その意味で、日本の国際的な貢献度、ひいてはその貢献を自らにとっての〝益〟であると思ってくれる国を一国でも多く増やすことが、広い意味での〝抑止的なファクター〟となるという考え方もできるのです。

国際社会の平和維持への貢献が期待される自衛隊

自衛隊はこれまで、湾岸戦争後の多国籍軍への後方支援、インド洋における他国艦船への給油活動や掃海艇派遣や⑤**イラク復興支援活動**など、多くの有志連合軍に協力をしてきました。その甲斐もあって、一面的には、国際社会における日本の貢献度は高く評価されています。ただ、集団的自衛権は行使しない

---

⑤イラク復興支援活動
湾岸戦争において自衛隊は国連及び多国籍軍の人員や物資等の輸送、医療施設や学校といった公共施設の再建等復興支援活動などに従事してきた。

という従来の立場や、武器使用の制限は、他国につけいるスキを与え、自衛隊員の身を危険に晒《さら》しかねないという意見があることも事実です。

本来「専守防衛」の名のもと自国を守るため存在しているはずの自衛隊を、国連の活動を支援する部隊として出動させることについて、私たちは現場の自衛隊員やその家族の立場からも考えてみる必要があるわけです。

押さえておこう

32

解釈を変更しただけでこれだけ変わる役割と諸国の反応

ココがわからない!!

国際社会で信頼を高めるために、日本は何ができるの？

日本が集団的自衛権の行使を容認することで、最も影響があるのは、やはり、同盟国のアメリカでしょう。たとえば第三国の弾道ミサイルが日本の上空を横切り、グアムやハワイに向かった場合。当然アメリカからは、ミサイルを迎撃してほしいという要請が入ります。この場合、日本に向けての攻撃ではないので、従来の解釈では迎撃することはできません。そのまま何もせず、アメリカに甚大な被害が生じれば、日米安保条約の見直しどころの話でなく、いざというとき頼りにならない国として、国際社会からの信用も失墜してしまいかねません。

日本の上空を飛来するのですから、警察権か個別的自衛権で対応するとどうなるのでしょうか。このとき①**領空**の範囲に入るのは、せいぜい上空150キロメートルぐらいまで。弾道ミサイルはそれよりもはるか上空の、大気圏外を飛んでくるのです。ところが、そこは宇宙空間なので、警察権はおろか個別的自衛権ですら及びません。行使するなら集団的自衛権の範疇なのです。

また、日本の船が多数航行している海峡に、アメリカと戦闘状態にある国が多数の機雷を敷設。そのため日本のタンカーも航行できなくなったとします。アメリカから掃海活動への参加要請があった場合、停戦となれば遺棄機雷として海上自衛隊が参加することができますが、戦闘が継続していると②**機雷掃海**は武力の行使に当たり得るので不可能です。

日本国憲法の前文には「われらは、いづ《ず》れの国家も、自国のことのみに専念して他国を無視してはならない」と書かれています。日本の船も航行する重要な海峡で、各国が協力して機雷掃海を行っているにもかかわらず、自国の事情のみに固執する。それでは国際社会での信頼を高めることはできません。

米やアジアをはじめ多くの国が支持を表明

じつは立憲主義国家で集団的自衛権を採用していない国は1カ国しかありません。それはスイスです。スイスは③**永世中立**を国是とし、自らの国を守るた

押さえておこう

①領空
国際法では、その国が主権を有する領空とは領海同様、その国の海岸線から12海里離れた地点までとされている。日本の領空を通ってアメリカにミサイル攻撃があった場合、もしくは日本が攻撃された場合には、第2次小泉内閣のときの2003年12月に開かれた臨時閣議において決定された「日本版弾道ミサイル防衛」(BMD)によって迎撃する能力を有することとなった。

②機雷掃海
機雷の設置されている海域から機雷を除去すること。疑似信号を発信する水上艦または潜水艦を走らせることで、いかにも近傍を艦船が通過したような状況を作り出し誤爆させるなど、除去には様々な方法がある。

③永世中立
国際法上、永久に他国間のいかなる戦争にも参加せず、また自国から戦争を始めないという義務を負いつつ、他国からの独立と領土保全を永久に保障されている状態。

めに重武装と**徴兵制**④を取り入れています。その他の国は集団的自衛権を前提とした同盟関係を結び、お互いの安全保障を図っているのです。それは国連憲章でも認められている、独立国の権利でもあります。

2014年7月1日、集団的自衛権の解釈変更についての閣議決定が行われた際、アメリカはいち早く歓迎を表明しました。先ほどのミサイルの例をひくまでもなく、日米安保体制の強化とその片務性の改善のためにも当然の決定であるとの認識なのでしょう。実際、「**日米同盟**⑤における日本の役割を高め、安全保障協力を強化し、地域の平和と安定に寄与する」という、米国防総省のコメントが発表されています。

また多くのアジア諸国も支持や歓迎の意を示しました。オーストラリアやニュージーランドをはじめ、第二次世界大戦で戦場となったフィリピン、シンガポール、マレーシア、インドネシア、ベトナムなどの東南アジア諸国、ヨーロッパや中南米諸国からも支持や理解を示すメッセージが届けられました。

✿ 中国と韓国の反発にどう対処すべきか

一方、日本のこの決定に関して、憂慮を示した国もありました。それは中国と韓国です。中国外交部は「戦後、長期にわたって堅持してきた平和発展の道を変えたのではないかとの疑いをもたざるを得ない」という強い懸念を示しま

④徴兵制
スイスでは2013年に徴兵制の存続を決めた。永世中立国であるスイスにおいては仮想敵国を想定できないことに対して、軍隊に割く予算は費用対効果が悪いということから国民投票が行われた。ところが、予想に反して国民の7割以上が存続という意思表示をした。こうした意識の理由には諸説あるが、集団的自衛権を拒否してNATOへの参加を拒否したいということが大筋のようである。

⑤日米同盟
共同の目的のため、同じ行動をとることを約束する日本とアメリカの同盟関係。同盟とは、日米安全保障条約がその根幹となっている。

した。

　韓国外務省は「朝鮮半島の安全保障と韓国の国益に影響力が及ぶことについては、韓国の同意がない限り、日本の集団的自衛権の行使は絶対に容認できない」と、反発しています。

　この二国に対して日本はどう対応していくべきかについては、ときの政権や外務省、防衛省が専ら考えるべきことであり、彼らに全権委任すればよいというのは、国民主権の国家の成員として、あまりにも無責任な話です。⑥**日米地位協定**（１３２ページ参照）の問題や基地問題とともに私たち一人ひとりが考えなければいけない〝前世紀からの宿題〟といえるでしょう。

押さえておこう

⑥日米地位協定
正式には「日本国とアメリカ合衆国との間の相互協力及び安全保障条約第六条に基づく施設及び区域並びに日本国における合衆国軍隊の地位に関する協定」という名称。1960年1月19日に、新日米安保条約第6条に基づき日本とアメリカ合衆国との間で締結された地位協定のことで、主に在日米軍の日米間での取り扱いなどが定められており、「合衆国の軍法に服するすべての者と米軍基地内において、合衆国の法令のすべての刑事及び懲戒の裁判権を日本国において行使する権利を有する」とされ、合衆国軍隊が第一次的裁判権を持つ。日本米軍の軍法に服する者には、日本で罪にならない犯罪でも米国の法令で犯罪となるなら、米軍が専属的裁判権を行使する権利を有するとされる。なお、沖縄での米海兵隊が引き起こした事件の裁き方をめぐり、不平等だという見解も多く見受けられ改善すべきという声やデモが引き起こされている。

33 「日本が普通の国になる」とはどういう意味なのか

ココがわからない!!

このまま平和な日本で過ごしていけるの?

すでに触れたように、①**立憲主義**を採用している国家で集団的自衛権を採用していない国は、ほぼ皆無です。現代社会では世界中の国々がさまざまな形で複雑に絡み合っているため、時として利害がぶつかり合うこともあります。日本が②**鎖国**をしていた17世紀から19世紀前半のように、一国だけが単独での平和主義を貫くことはとても難しいことといえます。

とはいえ「限定的にしても集団的自衛権を容認すると、その後は歯止めが効かなくなるのでは」という議論を耳にすることもあります。それに関しては2つの歯止めが用意されています。

---

①立憲主義
いわゆる権力者による独裁ではなく、国が定めた法によって権力は行使されるべきという政治原則のこと。

②鎖国
かつて江戸幕府が日本人の海外交通を禁止する一方、ごく限られた港湾及びその周辺だけしか外国人には解放せず、外交や貿易を制限した対外政策。

✽ 集団的自衛権行使には厳しい条件を設定

まずは国連憲章第51条です。そこには「武力攻撃が発生すること」「安全保障理事会が国際平和及び安全の維持に必要な措置をとるまでの間であること」「自衛権の行使にあたってとった措置は、ただちに安全保障理事会に報告しなければならないこと」が定められています。

さらには「被侵害国から武力攻撃を受けたという宣言がある」「その国から支援の要請がある」「行動に際しては必要性と均衡性という基準が守られている」という、細かな約束事もあります。

こうした国際法上の決まりに加え、日本独自の要件として、

①我が国と密接な関係にある他国に対する武力攻撃が発生すること。これにより我が国の存立が脅かされ、国民の生命や自由、及び幸福追求の権利が根底から覆される危険がある場合
②我が国の存立を全うし、国民を守るために他に適当な手段がないとき
③必要最小限度の実力を行使すること

という、極めて厳密で厳しいものが定められています。

そして集団的自衛権を行使するにあたっては、必ず「事前又は事後の国会承認」が必要とされ、一応は政府の一存で決めることはできないようになってい

押さえておこう

ます。ただし、国会承認は「事前」に限らず「事後」もあり得るわけで、政府の独断により行使される場合もあり得るわけです。この点、国会議員はもちろん国民一人ひとりが政府に暴走を許さないよう、自覚を持って臨まなければならない重要な問題ではないでしょうか。

✽普通の国になるのも悪くない?

集団的自衛権が行使できるようになることで、日本は〝普通の国〟の仲間入りができるわけです。それを「戦争のできる国」と言い換える見方もありますが、ほかの国々と外交などの手段により協調し世界全体の平和を実現していくことに参加するとも考えられなくはありません。

現在の国際社会は各国が複雑に絡み合っています。そしてお互いを守ると同時に、監視もしているような状態といえるでしょう。スイスのように自らが重武装でもしない限り、お互いを助け合えることは重要です。普通の国になるというのは、日本もそうした状況に身を置くということなのです。

このことは、国民一人ひとりが国家の自立およびほかの国々との共生の在り方について真剣に考えなければならないということです。そしてこれは、外交と内政の両面から考える必要があります。とくに外交面は、軍事的なことに焦点を絞った議論になる場合が多いようです。その観点から考えると、日本をほかの多くの国々のように〝実質上〞正式に軍隊を所持している形にしたいのであれば、日本国憲法第9条を改正し、他国と同様に軍隊をもち、自衛権を行使できる国になるといった手続きをとる必要があるでしょう。

人によってさまざまな意見があり、そのどれもが現状では正しくもなければ間違ってもいません。大切なことは、国民一人ひとりが、この問題を直視して自分たちの未来がどうなるのかを考え、議論していくことにあるはずです。普通の③**独立国家**になるとはどういう国を目指すことなのか、戦後70年という節目を迎えるにあたって、真剣に考えるべきときが来たのではないでしょうか。

押さえておこう

③独立国家
138ページ脚注参照。

参考資料

●『憲法第九条』
小林直樹（岩波新書）

●『憲法第9条の時代』
杉原泰雄（岩波ブックレット）

●『憲法九条はなぜ制定されたか』
古関彰一（岩波ブックレット）

●『憲法はむずかしくない』
池上 彰（ちくまプリマー新書）

●『高校生からわかる 日本国憲法の論点』
伊藤 真（トランスビュー）

●『日本国憲法概説』全訂第四版
佐藤 功（学陽書房）

●『超訳 日本国憲法』
池上 彰（新潮新書）

●『いちばんよくわかる！ 憲法第9条』
西 修（海竜社）

●『疑問と不安と誤解に答える決定版
日本人のための憲法改正Q&A』
櫻井よしこ十民間憲法臨調（産経新聞出版）

●『憲法ってこういうものだったのか！』
寺脇 研、姜 尚中（ユビキタスタジオ）

◆あとがき◆

私は２００６年に文部科学省を退官し、それ以後は文化分野で映画評論、製作、芝居製作などをしたりNPOやボランティア活動に携わったりして民間の立場で公共と関わってきた。同時に、大学で学生と接するだけでなく若者たちのさまざまな学びの場を手伝うことで中学生、高校生、大学生、若い社会人たちと一緒にものを考えている。

その私のところに、すばる舎から本書の監修の依頼があったのは6月の終わりである。戦後70年という節目を迎え、安保法制議論が起きている現在、日本国憲法なかでも第9条について考える本を作りたいという申し出だった。憲法学者でもない私が監修など僭越と思ったのだが、それでもお引き受けしたのは、これから日本の未来を担っていく中学生、高校生など子どもたちにもわかる本を、という編集者の言葉があったからである。

私は文部科学省で、子どもたちの生きていく21世紀を念頭に置いて教育制度の変革に取り組んできたつもりだ。戦後70年、われわれ大人

は経済成長や平和を享受し豊かな日本を味わってきた。しかしこれからの日本は、急激な少子高齢化や国際社会の変容のなかで新しい社会の形を模索していかなければならない。それに対処するため、「ゆとり教育」と批判を浴びながらも、子どもたちに生涯にわたって自ら学び自ら考える力を身に着けてもらうべく、総合学習やキャリア教育を提案してきた。新しい社会の形は今の子どもたちが大人になっていくなかで作り上げていくのだ。だからこそ、未来を創造していくために日本国憲法のこれまで果たしてきた意味を知ってもらうのが大切と考える。

短期間の作業だったが執筆者の皆さんの努力で、憲法第9条というものが国民にとってどんな意味を持つか、それを考えたり議論したりするきっかけづくりにできるようなものが出来上がったと自負している。賛成、反対の両極をいい張るのでなく、熟議していく過程で賢明な結論を得る、その一助になる本としてすべての読者が活用してくださるとしたら幸いである。

２０１５年9月　**寺脇　研**

【監修者略歴】

寺脇 研（てらわき・けん）

◎1952年、福岡市生まれ。東京大学法学部卒業後、文部省（現・文部科学省）入省。初等中等教育局職業教育課長、生涯学習局生涯学習振興課長、大臣官房審議官などを歴任。2006年に文部科学省を辞職するまで「ゆとり教育」や「脱偏差値」の推進などで活躍。現在、京都造形芸術大学教授、映画評論家、NPO教育支援協会チーフ・コーディネーター、高校生・大学生・社会人のための〝対話型〟私塾「カタリバ大学」主宰。

◎主な著書に『動き始めた教育改革』（主婦の友社）、『格差時代を生きぬく教育』（ユビキタスタジオ）、『それでも、ゆとり教育は間違っていない』（扶桑社）、『百マス計算でバカになる』（光文社）などの教育関連書のほか、『文部科学省　「三流官庁」の知られざる素顔』（中公新書ラクレ）、『官僚批判』（講談社）などの官僚論、『韓国映画ベスト100』（朝日新書）、『ロマンポルノの時代』（光文社新書）などの映画論、『2050年に向けて生き抜く力』（教育評論社）、『「フクシマ以後」の生き方は若者に聞け』（主婦の友社）などの若者論と多岐にわたる。なお、憲法論に関しては姜尚中氏との共著『憲法ってこういうものだったのか！』（ユビキタスタジオ）がある。

どこが、どう問題か？
「憲法９条」問題のココがわからない!!

2015年9月28日　　第１刷発行

監修者――― 寺脇 研
発行者――― 徳留 慶太郎
発行所――― 株式会社すばる舎

〒170-0013 東京都豊島区東池袋3-9-7 東池袋織本ビル
TEL　03-3981-8651（代表）
　　　03-3981-0767（営業部直通）
FAX　03-3981-8638
URL　http://www.subarusya.jp/
振替　00140-7-116563

印　刷―――シナノ印刷株式会社

落丁・乱丁本はお取り替えいたします

ISBN978-4-7991-0451-4